中华命名大讲堂

ZHONGHUA MINGMING DA JIANGTANG

牛汝辰　安雪菡　著

广东省地图出版社
·广州·

图书在版编目（CIP）数据

中华命名大讲堂 / 牛汝辰，安雪菡著. 一广州：广东省地图出版社，2016.8

ISBN 978-7-80721-627-8

Ⅰ. ①中… Ⅱ. ①牛… ②安… Ⅲ. ①命名法一中国 Ⅳ. ①F719

中国版本图书馆 CIP 数据核字（2016）第 194817 号

中华命名大讲堂
ZHONGHUA MINGMING DA JIANGTANG

牛汝辰　安雪菡 著

出版发行：广东省地图出版社
地　　址：广州市环市东路 468 号
邮政编码：510075
电　　话：020-87768354（发行部）　020-87768880（经营部）
网　　址：http://www.gdmappress.com　http://www.gdmappress.cn
印　　刷：广东天鑫源印刷有限责任公司
开　　本：880 毫米 ×1230 毫米　1/32
印　　张：7.25
字　　数：180 千字
版　　次：2016 年 8 月第 1 版　2017 年 1 月第 1 次印刷
书　　号：ISBN 978-7-80721-627-8/F · 110
定　　价：23.00 元

序 XU

大千世界，万物皆有其名。“名”有广义和狭义两种解释。广义的名是指客观事物的名称，相当于语言中的词。东汉学者刘熙曾写过一部叫《释名》的书，专门推敲古人为世间万物立名的本意。

狭义的名是指字、名称，相当于词汇中的专有名词。专有名词的作用在于更有效地区分人的不同个体和同一事物的不同种类。

无论是广义的名还是狭义的名，都是一种符号，具有区别的功能。董仲舒在《春秋繁露》中指出：“瞑也者，名其别离分散也。号凡而略，名详而目。目者，偏辨其事也；凡者，独举其大事也。”[①]说的正是这个道理。

命名，就是指利用语言符号给某一具体的人或物取名字，这种命名活动只能发生在语言形成以后。这时，用什么样的语言符号来表示具体的命名对象，就不是任意的、偶然的，而是有意的、必然的，其中包含着社会、文化、语言等制约因素。这正是本书研究的方向。

---

①董仲舒．春秋繁露〔M〕．凌曙，注．北京：中华书局，1975.

本书主要分为四个篇章：第一篇章“中华命名特色”介绍了汉语命名的优势、基本特征及命名统计、有中国特色的命名文化和中华命名传统的核心要素等内容。第二篇章“公司店铺命名”主要叙述公司命名的意义、需考虑的因素、基本特征、六个思路、七字要诀、命名忌讳和如何发挥命名的最大效用等内容。第三篇章“品牌商标命名”主要分析商品商标命名历程、语言特点、命名方法——联想命名法、商品商标设计和注意事项等。最后一个篇章“文化类型命名”则分析了大厦命名的特点和规律、景园命名的特点和规律、药品命名的特点和规律、街道命名的特点和规律。

名字一旦被确立、传播，并为社会所认同之后，名与实的关系便如影随形，如响随声，不能轻易更换。

因笔者囿于学识和功力，不周之处难免，恳请方家指正。

目录 MULU

中华命名特色

ZHONGHUA MINGMING TESE

公司店铺命名

GONGSI DIANPU MINGMING

品牌商标命名
PINPAI SHANGBIAO MINGMING

文化内涵命名
WENHUA NEIHAN MINGMING

中华命名特色

ZHONGHUA MINGMING TESE

1
汉语命名的优势

命名是关于词语符号单位的创造活动。哈特曼和斯托克合著的《语言与语言学词典》[①]中定义为：命名，是“寻找一个合适的语言符号（语音序列或词），用以指一个新的物质实体或抽象概念”。这种“概念、实体先于名称”的理性主义命名理论，是目前学术界普遍接受的观点。

命名就是命名者面对一个独立的、外在的概念或事物，然后再寻求恰当的名称形式去表达它、指称它。[②]在我国，随着市场经济的蓬勃发展，许多企业、产品为追求富有个性的品牌而呼唤命名专家给予指导。命名咨询产业在中国的目标市场十分巨大。因此，加强命名理论的研究已成为时代的要求。

在品牌商标研究领域，至今为止，几乎没有专门针对中国产品品牌的著述。同样，对品名的语言成分做详尽的研究更是少之又少。了解中国的品牌之所以重要，不仅因为中国是世界上最大的消费者市场，还在于中国文化的价值观影响整个亚洲社会。有学者把亚洲产品推广市场中的品牌主导现象归因于亚洲国家共同的价值观，这些价值观主要受到了中国儒家思想的影响。因此，如果能够充分地了解在现代中国的社会文化背景之下和市场经济发展阶段中的中国消费者行为，将会对那些试图开拓中国市场的国际企业有很大启发。

中西方除了在文化上有很大的差异，从语言类型学的角度

---

①哈特曼（R. R. K. Hartmann），斯托克（F. C. Stork）. 语言与语言学词典 [M]. 上海：上海辞书出版社.

②孟华 . 汉语学习 [J]. 1998.

来看，汉语与西方语言也是大相径庭。在品牌命名的过程中，汉语比西方语言更注重语言的成分。例如，汉语是声调语言，声调与音调有关，并且通过它们内在的音高加以区分。在语音上，高音有一个较高的音高，因而读起来要比低音响亮。说汉语的人对响亮的名字有一种强烈的偏好。而且声调高低还影响名字抗噪音干扰的性能，高声调抗干扰的性能比低声调强。因此在中国的品牌命名中，声调是一项非常重要的因素，必须慎重考虑。绝大多数的西方语言都不是声调语言，因此西方的品牌命名自然就不存在类似的要求。

陈洁光、黄月圆等[①] 许多学者用语言学的方法对中国品牌的名称进行了一系列的研究。他们还从新的角度——产品发展阶段的角度，对中国的品牌命名特征进行更深一步的研究，分析了十大类产品的品牌名称（共1304个），这十类产品分别是：火柴、酒、自行车、鞋类、牙膏、化妆品、软饮料、洗衣机、电冰箱和电视机。这些品牌中的绝大多数都是获奖产品，在中国消费者当中拥有较高的知名度。

2

汉语命名的基本特征及原则

汉语的一些基本特征

产品、品牌的命名包括三个要素：市场要素、法律要素和语言要素。在创立品牌的时候，每一种要素都有其具体要求。

①陈洁光，黄月圆，严登峰．中国的品牌命名——十类中国产品品牌名称的语言学分析［J］．南开管理评论，2003（2）．

在市场方面，品名应具有促销、广告和说服的功能。在法律上，一个产品的品名应具有法律上的可行性和独一无二性。语言要素包含三个部分：在语音上，品名必须易读且悦耳动听；在词法上，品名必须简洁；而在语义上，品名又必须表达一种积极的内涵。语言要素是市场要素和法律要素的前提，语言要素直接影响到品牌的功能，品牌的功能就是使产品在推销和出售时更易于辨识和区分。当一个品牌受到法律的保护而不至于被篡改和模仿盗用时，它就具有了竞争力。要使一个商品的品牌得到市场地位和法律保护，主要取决于品名本身用词、音节等内在的语言特征。因此，我们把语言要素视为品牌命名中最重要的一个环节。在汉语品牌的命名中，语言要素的作用格外关键，这是因为汉语的命名比较严格地遵循汉语的语言规则。与西方语言不同，汉语具有以下主要特征，这些语言特征直接影响品牌的命名。

如果要理解中国的品名结构，我们首先必须对汉语的构词有一定的了解。在现代汉语中，构词的主要途径是合成法（Compounding），也就是把两个或者两个以上的词组合起来，比如说，“大—人”“绑—架”。汉语语言学家把这种词称为双语素合成词，而不是双字合成词。在语言学的定义中，词是语言中能够独立运用的最小单位，语素则是语言中最小的语音语义结合体，两者唯一的区别就是词能够在句子中独立运用，而语素却不一定。语素又分为自由语素和黏着语素两种，自由语素可以在句子中独立运用，因而等同于词；而黏着语素，则是虽然具有意义，但是却不能独立成词，必须和其他语素结合之后才成为词。汉语中约有 9400 个语素，而常用的只有 3986 个。①

---

①中国人民大学语言文字研究所编著的《常用构词字典》统计，常用构词（语素）有 3986 个，自由和黏着各半。

在古汉语中，所有的语素都是自由语素，可以单独使用。但是，现代汉语中的语素大多数都是不能单独使用的非自由语素，要想成为词的话，就必须经过合成。汉语语素的另一个特征是单音节性，所谓的单音节性指的是一个语素就是一个音节，一个汉字代表一个语素或音节，一个双语素合成词就写成两个汉字。如“北京”，“北”和“京”都是黏着语素，当二者结合在一起的时候，就构成了一个非常有名的词——“北京”，这个词由两个语素合成，有两个音节。“上海”也是一个有意思的名字，由“上”和“海”两个语素合成，也是两个音节。现代汉语中超过70%的词都是这种双音节合成词，所以语言学家把汉语称为“双音节语言”。在这里强调汉语的语素和音节特征，是因为汉语对词的节奏规律有特殊的要求，说现代汉语的人对韵律词（双音节词）有强烈的偏爱。了解上述汉语构词的语言特征对我们理解汉语命名非常有帮助，因为汉语名称的构成和构词是一致的。汉语中的名称，不管是地名、人名还是品名，都是通过合成3986个常用语素而成的，并且绝大多数的名称都是双音节。由此可以从双语素名称中得出汉语名字的两个显著特征：

第一，绝大多数的名字是有意义的，因为构名的语素本身就是有意义的语素。在这里理应强调的是，当人们从词典中选词构名，必须慎重考虑词的各种含义。一般而言，英文名字通常没有内涵或意义。英文名完全独立于英语语言的基本词汇，还有专门的人名字典。英文名字一般而言不包含太多意义，这或许可以用来解释，为什么有关英文品名的研究很少讨论品名的语言结构。

汉语取名不可能像英文命名那样随意，汉语名字必须受到下面两个因素的制约：（1）选名的范围一般局限于3986个常用语素；（2）命名必须符合词语合成的规律。而英语命名则不同，因为属于拉丁字母系统，英文命名有很大的自由度。英文品牌命名的方法可以是多种多样的：可以通过拼凑几个字母，如 Oreo（奥利奥）；可以在原有的单词上加上一些毫无意义的音节，如 Motorola（摩托罗拉）；可以对几个单词进行合成，如 Pizza Hut（必胜客）；可以对几个意义相关但是都不完整的单词加以巧妙的组合，如 SmarTone（数码通）；甚至可以对单词进行任意删减，如 Intel（英特尔）。汉语的命名显然不可能拥有这么大的自由度。

第二，影响汉语命名的重要语言特征就是声调。汉语是声调语言，现代汉语四声为阴平（第一声）、阳平（第二声）、上声（第三声）和去声（第四声）。学者 Jiang King 对汉语声调有详细的研究和讨论，她总结出声调的响亮等级，指出高声调的响亮度高，低声调的响亮度低。

有关汉语姓名命名的研究发现，人们在使用汉语取名时对高声调有强烈的偏好。如说普通话的人取名时用高声调的第一声和第二声的词素远远高于低声调的第三声和第四声的词素。有学者对粤语地区的姓名所做的研究也得出了相似的结论，人们倾向用粤语中的高声调词素取名。很明显，从偏好的角度出发，在汉语的命名中，高声调词素获得了更大的偏好。

汉语品牌命名的基本原则

陈洁光在 1997 年对《中国创优群星》一书中 527 个中国优质产品的品名进行了分析。[①] 因为这 527 个品名包含纺织品、食品、工业品、服装、日用品、药品等不同领域的产品，有一

---

①《中国创优群星》编辑出版委员会. 中国创优群星 1979—1988 [M]. 北京：机械工业出版社，1990.

定的代表性，所以它们的命名模式能够反映出中国的品名命名的基本倾向。下面是陈洁光分析得出的支配汉语品牌命名的语言规则：

● 汉语的品牌名称应当是双音节合成词

91%的优质产品的品名是双语素 / 双音节的合成词。由于品牌中的“双音节主义”反映出汉语对双音节的强烈偏好，在分析的时候，将用音节来代替语素的说法。汉语言学家们发现，双音节是韵律构词中的最基本的标准音步，说汉语的人对双音节词有强烈的偏向，因此，在取名字方面，对说汉语的人来说，双音节名字更容易辨识、发音和记忆。

● 合成品名的第二个音节应该是高声调

研究表明，在分析的这些品名当中，“各种音调—高音调”的声调组合占 73%左右。不难看出，第二个音节高声调能使品名发音效果更响亮，听起来比较悦耳和动听。

● 合成品名应当遵循“修饰语＋名词中心语”的模式

在陈洁光的研究资料中，有 78%的品名具有“修饰语＋名词中心语”的合成结构，即名字的后一部分是一个名词，是中心语，前一个语素则是对该中心语的修饰。以品牌“白猫”为例，“猫”是中心语，“白”是修饰语。在汉语中，“修饰语＋名词中心语”是最普遍的合成模式，这样的词容易理解，这正好符合品牌名称简洁易懂的标准。

● 品名应该具有褒义

在陈洁光分析的品牌当中，有 66%的品名通过有意识地选择中国人喜爱的动物、植物的名称或者其他在中国文化中寓意吉祥的名称，来赋予品牌一个积极、正面的含义。

● 采用高声调词命名

声调是汉语品名命名的一个重要语言因素。中国人命名都比较喜欢响亮、悦耳的读音。声调与名字的响亮度有紧密的关系。现代汉语的四个声调中阴平、阳平比较高朗、响亮，是高声调；上声、去声比较委婉、低沉，是低声调。采用高声调语素命名，名字就会响亮，如“长虹”“白猫”就是高声调的品名。声调还具有很强的抗噪音干扰的性能，高声调的抗干扰性能比低声调强。绝大多数西方语言不是声调语言，所以西方语言命名不牵涉到声调的选择。

3

中国特色的命名文化

在我国所有的命名样式中，人名、地名出现最早，大约在原始社会晚期，这时人类的个体意识已经萌发，活动范围和眼界也日益扩大。

街道景观名大约出现在奴隶社会的早期，随着交通业和建筑业的发展，城邑的格局开始形成而出现。

招牌、字号、商标都是商品经济的产物。“招幌”出现在封建社会初期，在此基础上形成了后来的招牌字号；商标则出现在封建社会中期，彼时的商品经济已经相当发达。

至于报纸杂志等其他专名的出现，则是近代以后的事了。

可见，我国的命名活动源远流长。在长期的命名实践中，我国不仅形成了独具特色的命名传统，而且总结出了许多命名的规律和方法，并在此基础上建构了具有丰富内涵的命名文化。

4

中华命名传统的核心要素

悠久的历史文化和长期的命名实践，形成了我国重视有含义的命名的传统，这一传统沉淀着我们民族的心理倾向和语言特点。

无论给什么样的企业、店铺命名，含义都是必须考虑的首要因素。

重视含义的中国命名传统的核心要素包括两方面的内容：

第一，由于受汉字表意性质的制约，人们养成了“顾名思义”的心理定势。一个含义美好的企业、店铺名称，可以使人们产生良好的评价。

第二，由于受名物训诂传统的影响，人们对事物名称总要追究得名之由，解词析字讲究理据，因而，企业、店铺的名称若富含意义，则可使人们更容易接受。

上述两点，也可以说是在商业命名中，为什么必须遵循重视有含义的命名传统的原因。

公司店铺命名

GONGSI DIANPU MINGMING

1

不怕生意难做，就怕店名起错

企业、店铺名称，是指能一定程度地概括反映企业、店铺某些特性的文字称号，它是消费者识别企业的主要标志之一。[①]在市场竞争日益加剧的情况下，如果能给企业、店铺取个好名字，在竞争中会更有优势。而且企业、店铺的名称，其功用和价值不仅是名字本身的意义，还具有很大的商业效应。

企业名称是企业形象塑造中的基本设计要素之一，是成功塑造企业形象的一个重要因素。一个好的企业名称，应当具有竞争力、权威性、代表性，能充分表现企业精神，取得消费者的认同，从而为企业创造美好的形象，并积极影响企业活动的效果和员工的精神面貌。因此，研究企业名称的设计，是企业形象策划中一个十分重要的课题。

纵观那些成功的企业、店铺，除了管理者有眼光、善经营、服务好之外，它们大都有一个独特、简洁、响亮的名称。

一个好的企业、店铺的名字能吸引人们的目光，然后更巧妙地通过其优质的商品和服务吸引顾客。

顾客的增加能带动销售额的提升，从而带动商业利润的增长。商家往往考虑如何吸引顾客，让进店的客人把潜在的购买力变为现实的购买力。如果没有人来光顾，任销售的产品再好，服务再周到，企业、店铺也无法经营下去。

可是，究竟怎样才能让更多的人知道、记住并愿意光临你的公司、店铺呢？

---

①谭爱平．企业命名艺术 [J]．经营管理者，1994(1)．

首先，你的公司、店铺必须有一个个性独特、吸引眼球的好名字。

● 命名好坏影响企业、店铺利润高低

命名的好坏，有时会影响企业、店铺的经营。

好名字能吸引更多人的目光，满足人们的心理需要，刺激人们的消费欲望。反之，不好的名字也许会使店铺生意受损。

曾经有这样一个例子。

1993年7月1日，中国共产党成立72周年，在震耳欲聋的鞭炮声中，南京市玄武区进香河出现了一间以伟大领袖毛泽东的名字命名的“润之酒家”。

“润之酒家”的名称引起路人驻足围观，店家刻意营造的“红太阳”气氛更是不同凡响。

两扇落地式玻璃拉门分别贴着“才饮长沙水，又食武昌鱼”的诗句；走进店堂，迎面就是题有毛泽东诗词《水调歌头·游泳》和《沁园春·雪》的山水画；店堂中央最醒目的位置，“端坐”着一尊酒家高价“请”来的毛泽东亲切挥手的塑像，塑像的两侧分别为精心装裱的《东方红》《太阳升》的书法作品；店堂上方，悬挂着一台大屏幕彩电，只要客人经过，屏幕上就会再现领袖的风采，播放着《太阳最红毛主席最亲》《毛主席走遍祖国大地》等人们耳熟能详的歌曲。笑容满面、彬彬有礼的服务员佩戴毛泽东像章，手捧佳肴穿梭在各张餐桌之间。

“润之酒家”营造的气氛并没有局限于“所见所闻”，在“所尝”上也动了一番脑筋。翻开菜谱，名列首页的就是毛泽东生前颇为喜欢的红烧肉。紧随其后的，是颇具毛泽东家乡风味的东安鸡、口蘑汤泡肚等。

异军突起的“润之酒家”迅速吸引了一批慕名而来的客人。

虽然“润之酒家”的地点比较偏僻，而且酒家的三位股东均属刚涉足饮食行业的“菜鸟”，但凭着“润之酒家”的招牌和独特的经营手段，生意居然还不错。

本来已做好开业后半年内亏本的心理准备的经营者，惊喜地发现酒家还赚了不少钱，光顾这里的客人不仅有市内的食客，甚至还有外地游客和外国友人。

毋庸讳言，从“润之酒家”的招牌挂出的第一天起，人们对此的争议就没有停止过。有人认为，用领袖名字和招牌生财牟利既不严肃，也伤害了人们对领袖的感情。

后来一篇《用领袖的名字作招牌合适吗？》的报道，引起了工商部门的重视，他们要求酒家限期改名。

酒家经营者苦思冥想，他们提出更名“舵手酒家”，结果当即被否定。理由是“换汤不换药”。

接着酒家又提议改为“无名酒家”，结果又被驳回，因为有发泄不满之嫌。

后来，店名千呼万唤出不来，生意也一落千丈。

从这一实例中，我们不难看出店名与效益的关系，有些时候店名与效益息息相关。

同样的一家餐馆，其他方面的条件都没变，仅仅改换了名字，而其效益却因此有天壤之别。

不仅餐饮业如此，其他行业的企业、店铺也是如此。

● 店名是一大“卖点”

经商做生意，最重要的就是要找到卖点。

所谓“卖点”，就是能够打动顾客，能帮助商家把商品顺利、轻松地卖出去的“亮点”。

卖点是指引、诱导、刺激顾客产生购买欲并引发其购买行为的“指路明灯”。

卖点越与众不同，生意越红火、兴隆。

要想经营成功，必须有卖点。没有卖点的要创造卖点，找准卖点；有了卖点的则要突出卖点，有效地运用卖点。

卖点是多种多样的。比如，质量优是卖点，价格低也是卖点，具有独特性还是卖点。

对于这些卖点，很多经营者都已经注意到了，并运用它们为企业创造了一定的利润。

但是，商家们在寻找和创造卖点的时候，往往忽视了“店名也是卖点”这一事实。

虽然莎士比亚曾说：“我们叫做玫瑰的这一朵花，要是换了个名字，它的香味还是同样芬芳。”①

但是假如把“玫瑰”换成“狗尾花”，恐怕就很少有人问津了；而如果把“玫瑰”换成“牛粪花”，则人们不仅不愿问津，还会掩住鼻孔，落荒而逃。

这说明，如果把玫瑰换成了其他不好的名字，就会减损它本应给人的美感，使人望而生畏，避而远之。即使玫瑰的迷人香味依然未变，但人们心理上的感觉却会发生变化。

事实上，企业、店铺名称，乃至商品、商标的品牌名称，都会影响人们的购买欲和商品的销售额。这点已经引起了越来越多人的关注。在国外，不少精明的经营者早已从这方面着手了。他们想方设法来培养、呵护“名字”这一崭新而重要的卖点。

当然，真正能够在这方面取得成功的优秀经营者，还只是少数。

据报道，美国一家调查机构就曾以“品牌名和销售效果相关研究”为主题，对美国本土行销的数十万个品牌进行研究，得出三项惊人的结果：

---

①朱生豪译著《罗密欧与朱丽叶》（第二幕）

一是，有36%的品牌名称，对销售竞争构成严重伤害。

二是，有52%的品牌名称，对销售的帮助是微不足道的。

还有就是，只有12%的品牌名称能帮助销售。

这从一个侧面说明，在培养“名字”这一卖点的问题上，商家仍然大有可为。

商家在命名这方面倾注的精力、付出的心血也越来越多：美国的企业界，平均每年“改名”或“换姓”的企业在四五千家以上。被迫改名者更是不计其数。研究表明：

店铺战略成功与否，决定于命名的好坏。

销售战略成功与否，决定于命名的层次。

广告战略成功与否，决定于命名的技巧。

商标战略成功与否，决定于命名的功力。

因此，在当今社会，给企业、店铺起个好名字是重要的商业策划和决策。

谁能在这方面做得更出色，谁就会获得比别人更多的财富。

● 企业、店铺名称是企业的无形资产

一般说来，企业、店铺名字既不同于厂房、设备等物品，可以生产、加工出产品；也不同于被拿到市场上销售的商品，可以参与流通。企业、店铺名字并不是直接创造价值、赚取利润的有形物。但是，企业、店铺名字却可以间接创造价值。有时候，它所创造的价值甚至比有形资产所创造的价值要大得多。

在当今世界上，价值连城的企业名字绝不在少数。比如，可口可乐公司、IBM公司、雀巢公司、摩托罗拉公司等，都是价值极高的名称。

好企业、店铺名字是企业的无形资产，对大多数企业而言，

公司名称是绝不轻易出售的“非卖品”。

具体说来，企业、店铺名称之所以是企业的无形资产，主要表现在以下几点：

企业、店铺名称是企业参与市场的通行证。

在现代社会，生产商和销售商，都需要进入市场、参与市场买卖的种种活动。市场要求企业、店铺必须有名字，消费者也要求企业、店铺必须有名字。人们去购物消费的时候，不可能总是“去这家”“去那家”地说，而且人们更能记住那些名字响亮好听、能给人以享受和满足感的企业或店铺。

哪家企业或店铺的名字起得好，它就能更好地走向市场、参与市场活动。

企业、店铺名称是老板身价与企业实力的载体。

在商业活动中，企业名字代表着老板的身价，体现着企业的实力。有些著名企业的老板，人们不会因他们穿着随便、朴素，而小看他们。在这里，企业名字说明了一切，它表现的是人们对老板身价和企业实力的评判。

也正因如此，有些没有什么名气的企业老板们，总千方百计地想把自己的企业名字与知名企业联系起来，或者干脆投靠在那些企业的旗下。

这是一种提高身价、增强实力的好方法。而这样做的目的，当然也是为了更好地从事商业交易活动，实现自己的商业目的。

企业、店铺名称是企业形象的代言人。

企业形象的优劣，对企业的经营活动有着非常重要的影响。

能够代表企业形象及帮助企业和商家塑造良好形象的因素有很多。比如，企业的产品质量、服务状况、对社会公益事业的关心程度等。除了这些，企业、店铺名称也是其中重要的因素之一。

企业、店铺名称之所以能够成为企业形象的代言人，原因在于：企业形象通常是人们对其的印象，而人们对于企业名称的印象，则是对企业印象的首要的、最初的部分。

企业、店铺名称好，人们即使只是听说而没有去过、打过交道，也会产生好奇，进而产生去看看、打交道的意愿。反之，企业、店铺名称不好，就会让人产生拒绝感。

比如，有间叫“大口公司”的，大家在听到这个名字时，不是摇头，就是摆手：大口大口，这种公司明摆着要咬人一口嘛，谁敢和它打交道？

又如，人们一听到“张三饭店”这个名字，首先想到的就是：它肯定是一家小吃店的名字。尽管它可能并不是小吃店，而是一家上档次的饭店，却也无法阻止人们产生这样的印象。

企业、店铺名称是企业文化的凝聚物。

企业、店铺名称是企业文化中十分重要的一部分。企业文化的高低，在某种程度上可以依据其名称来作出判断。

例如，“同仁堂”这个名字，就是一个典型的例证。它不仅可以让顾客产生好感，也使企业的职工产生内聚力，共同生发出“同仁”“四海之内皆兄弟”的美好感觉。

同仁堂作为中药商家的名字，就更加妙不可言了。因为中药源远流长、历史悠久，而同仁堂给人的古朴、典雅之感，恰恰反映出了其产品乃至产业的特色。

属于不同行业的企业，所要表现和具备的企业文化是各有不同的，所以，要想拥有真正属于自己的企业文化，提高企业文化的质量，就应该在店名上多花些功夫。

企业、店铺名称展示企业的优良品质。

在日常生活中，我们经常会听到一些人骄傲地说：

“我的上衣是 ×× 牌子的。”

“我用的是××（品牌名）的手机。”

“我们家的热水器是×× 品牌的。”

…… ……

这样说的人，很可能有一点炫耀的心理。而他们想炫耀的，就是因为他们所说的“××”有值得炫耀和可供展示的价值。由此看出，品牌从侧面反映了人们对产品和服务的满意度。

店名的好坏，有时会影响顾客进店的意愿和对店家的评价。

例如，一家命名为“花容月貌”的美容院，肯定能够迅速地广为传播，也能较容易获得顾客的青睐。

反之，如果把美容院命名为“秋水寒天”“修皮馆”等，则是任谁都无法接受的。

一家公司、店铺要想提高自己的知名度和美誉度，就得让人家愿意听它的名字并为之传播，还要能让人产生好感。

企业、店铺名称是顾客的“护身符”。

企业、店铺名称不仅对商家来说至关重要，而且对顾客来说也同样如此。如果你稍加留意，就不难发现人们越来越看重商誉，会注意选择声誉较好的商家去购物消费。

为什么会这样呢？

原因很简单，任何人都会注重保护自己的利益。而只有选择那些自己信得过的商家，才能感到心安，使自己的利益真正得到保障。

一般说来，消费者在选购时，左右其购买动机、购买行为的信息，就是企业、店铺的信誉。人们之所以买这个厂的，不买那个厂的，所依据的标准不一定是细致的调查研究，而可能是凭厂名长期积累的信誉直接下的判断。对于消费者来说，大部分都有这样的心理：

如果选择了 ×× 公司的产品，往往给人自己利益能得到保障的感觉。也就是说，人们已经越来越把品牌名称看作自己的“护身符”了。

● 店名是市场竞争的无声武器

商家拿来用作竞争手段的武器有很多，名称也是其中非常重要的一个。有时候，企业、店铺名称甚至能够被用作竞争的最基本的武器。

有这样一个例子：

在一座城市里，有一间名为“一点利”的商店，开张后生意很红火，顾客如云。这令周边其他商店的店主们都感到一筹莫展，无可奈何。不过，有位聪明的店主突发灵感，想出了一个叫做“半点利”的店名。他立即更换门楣，在店前高高悬起了“半点利”的招牌。自从“半点利”开张后，“一点利”的生意便深受影响，每况愈下。

其中的道理，不言自明。

企业、店铺名称是市场竞争的无声武器，起个好名字，可以迅速吸引顾客的目光，把顾客从竞争对手那边吸引到自己这边来。在商家与竞争对手在其他方面都没有太大差别的情况下，顾客也许就会因为这家店名好而愿意过来。此时，如果这家店能在某一方面再稍占优势，就一定能留住顾客了。

当然，在用企业、店铺名称作为竞争武器时，必须把握好以下两点：

一是要名副其实，不要哗众取宠，说到了却做不到。

比如说，起了“半点利”的名字后，实际售价却比“一点利”还要高，就会使顾客产生反感，转而投奔“一点利”。

二是不要做得太过分，要把握住“度”。

比如，虽说“半点利”比“一点利”要好得多，但如果命名为“零点利”，就会使人产生怀疑，反而在“逆反心理”的作用下，不愿问津了。

要记住“过犹不及”的道理，凡事做得恰到好处。

企业、店铺名称的商业效应

企业、店铺名称与人名一样，本就属于文化的范畴，而做生意则是一种商业行为，二者之间本不该产生如此密切的联系才是。

但是，如果这样机械地理解企业、店铺名称与生意的关系，就不会重视并想方设法发挥企业、店铺名称的作用。结果也就很难把生意做好。

近年在中国有一句很流行的话：“商业搭台，文化唱戏。”这说明，在做生意时不仅需要“唱文化戏”，而且要尽可能“唱好文化戏”。

换句话说，哪位商家能够唱好“文化戏”，哪位就能获得比别人更多的竞争优势。

为企业、店铺起个好名字，不仅属于唱好“文化戏”的一部分，而且是很重要的一部分。

因为企业、店铺名称具有强有力的、不可替代的商业效应。

● 对顾客的心理效应

顾客买、商家卖，这一活动从表面上看起来，可以说是一种纯粹的交易行为。但细究起来，事情绝非如此简单。

首先，顾客不是机器，其购物行为也不是机械运动。顾客在打算购物时，会先进行一定的分析、鉴别，选择应该买谁的、不应该买谁的。

其次，顾客在购买活动中，表面上是在买物，但实际上是在买“需要”。这种需要，既有物质需要，也有精神、心理的需要。

最后，顾客在完成购买活动后，也会对自己所买的东西是否“值得”的问题做出衡量和判断。如果答案是肯定的，就会产生重复购买的行为；否则，便会做出放弃的决定。

由此可见，顾客的购买行为，从始至终都在受心理活动的影响。而在顾客的心理活动中，对于企业、店铺名称的认知和判断，属于非常重要的一部分。

在购买前，顾客做选择时会想到店名，并根据店名包含的信息做出区分和判断。

在购买中，顾客的需要是否得到满足，也会受企业、店铺名称因素的影响。比如，在生活中就常听人这样说：你们这家 ×× 店真不像话，简直名不副实！也有人会这样说：你们 ×× 店真是不错！

在购物后，顾客在做出是否继续重复购买决定时，一样也会想到企业、店铺名称。

可以说，企业、店铺名称在顾客购买活动的整个过程中，出现的频率都是相当高的。企业、店铺名称对顾客心理活动有一定的影响。

● 对商家的市场效应

企业、店铺名称对商家的市场效应，主要体现在“品牌战略”上。

在推出一种商品时，必然要标明是“×× 公司”“×× 商场”的商品，如果商品好而店名不佳，就会影响人们的购买欲。其次，好企业、店铺名称有利于商家用已经打响的名牌来带动其他相关产品的销售。

人们普遍有这样一种心理：著名公司生产的产品，即使不是其主打商品，质量也比较有保障。

比如，微软公司之所以敢于涉足信息业之外的其他行业，且取得了相当的成功，也是利用了其名字的市场效应；而其他行业的经营者们之所以对微软畏之如虎，也是害怕它一“名”惊人。

可见，公司、店铺名称对商家的市场效应是十分巨大的。如果能够多动脑筋，充分发挥店名的市场效应，则无疑能让公司收益增加。

在这方面，还有一个著名的例子就是海尔集团。它本来不是生产电视机的，近几年才开始涉足这方面的领域。海尔集团进军电视机市场后，一炮打响，很快提升了自己的市场份额，在竞争激烈的电视机市场占有了一席之地。

有人也许认为这是“奇迹”，但实际上，海尔集团正是充分发挥了自己名字的市场效应。

再如，麦当劳、肯德基等连锁快餐店的加盟店，之所以并不单独起名字，而借用它们的名字，也是在利用店名的市场效应。

● 好名称是企业的“第一推销员”

正是由于店名对顾客具有心理效应、对商品具有市场效应，因此，一个好的店名，无异于企业的“第一推销员”。

企业要走向市场，必须给顾客传递很多信息，而其所传递的第一条信息，就是自己的名字。

顾客走进市场，需要获取和接受很多与购买有关的信息，而其首先所接触和获取的信息，就是为自己提供产品和服务的企业的名字。这种关系，就决定了店名必然成为企业的“第一推销员”。

作为“推销员”，企业、店铺名称的推销作用甚至比企业中专门从事推销的销售人员的作用更重要。

如果企业、店铺的名称能够给顾客以好感，并且销售的商品能满足顾客的需要，顾客就极有可能进店选购；反之，名称不好，商品种类再丰富，也难以激发顾客进店购买的欲望。

毕竟，生产和销售同类产品的商家很多，能够满足顾客购买需要的商家也有很多；顾客在购物活动中不仅要买物，还要买“感觉”。

想要把自己的产品推销出去，首先就要学会利用好企业、店铺名称这“第一推销员”。

商业命名应具前瞻性

企业、店铺要想生意兴隆，当然需要起个好名字。如果在刚开张时，就能把名字起好，无疑是一件大好事，有利于企业、店铺未来的发展。

但是，现实中常常会发生这种情况，即随着企业、店铺业务的不断扩张，原来的名字已经不能适应现时的需要，此时，就需要进行改名。否则不利于企业、店铺的发展。

事实上，这已成为中国许多企业所面临的必须解决的现实问题。

● 更新传统命名方式已成精明企业家共同关注的热点问题

近年来，一些位于沿海地区的企业，经营范围越做越大，但企业名束缚其进一步发展。因此，不少企业开始更名换姓。企业管理者们越来越看重自己企业的名称。企业名称不再仅仅是一个企业的记号，更是实力、信誉的载体。一家知名度高的企业，名称本身就具有很高的含金量。过去习惯的“地名 + 名称 + 企业通名”的企业取名方法，甚至“序数词 + 企业通名”的企业命名方式，正被逐步更新。从一些企业的名称上，也可以看出其事业发展的轨迹。每更名一次，就标志着企业发展到了一个新境界。

厦门海洋实业股份有限公司原来名为厦门市第一远洋渔业公司。几年前，这家公司开了几家商店和旅社，又先后办起了6家工厂。渔业产值仅占公司总产值的25%，原来企业的名称显然与该企业发展的实际不相符合。这家公司的副总经理说，每次给客户自我介绍都要解释一番，再不改名的话会影响到企业的生产和经营，人家总以为你这打鱼的是“不务正业”。

企业家们从企业名称中，也发现了成本问题，并且着重降低企业名称的成本。一个最方便的办法是，把企业名称和商标名称合二为一，从而在广告宣传上达到一箭双雕的效果。“三九胃泰”全国闻名，然而知道“三九胃泰”不知深圳南方制药厂的大有人在。因此，这家企业向工商管理部门申请更名为华润三九医药股份有限公司。

● 与其中途折回，不如提前规划

企业随着自身的发展需要更名，但更一次名也要付出不少代价。且不说到政府职能部门、工商行政管理部门提出申请，办理各种手续，同时，招牌、证件、徽章甚至企业信笺等等都要重新制作；企业多年形成的品牌，有时也因为更名而需要重新树立。

深圳中浩股份有限公司的“中浩”取浩荡前程之意。为了这浩荡前程，公司已做了50万元的更名广告。他们还花了80万元，在深圳电视台订了一年的更名广告。

1994年厦门市有2243家企业要求变更企业名称和经营范围。厦门市工商局对企业更改名称采取以下措施：只要注册资金在100万元以上，区、街道和乡镇所属企业可以用“厦门市某某企业”的名称。另外，不强制要求企业在名称中反映行业特征。

深圳市对企业更名有规定：企业名称必须与企业的实际相符合，不能有欺骗行为。比如现在纯贸易不好做了，有些贸易公司要求在名称中增加“实业”两字。对此，只要该公司有一项是生产性的项目，就批准加；反之，则不批准。

企业发展到一定程度，要求更名是正常的。但是，在企业没有达到与其名称相符的时候，更名会造成经济损失，还会影响自身发展。

但这也从反面提醒经营者们，在给公司、店铺命名时，要尽量考虑周全，顾及未来的发展情形，尽量起一个有利于公司未来发展而不是阻碍其发展的名字。

“注意力经济”①时代更需要好店名

有人说现代社会已经迈入“注意力经济”的时代了，谁能吸引到更多顾客的目光，引起更多顾客的注意，谁就能够获得滚滚财源。

店名，无疑是吸引顾客目光、引起顾客注意的重要因素之一。

● 从传统店名到新潮店名的跨越

粤语方言区有句俗语：“不怕生坏命，只怕取错名。”

一个公司和产品，一定要有一个好的名称。一个好的名称具有以下特征：易认、易记、易读、易懂。

如果按照这一要求，商家在给自己的公司、店铺命名时，

①注意力经济就是注意力资源的生产、加工、分配、交换和消费的人类活动方式。（资料来源：张雷．媒介革命西方注意力经济学派研究 [M]. 北京：中国社会科学出版社，2009.）

必须实现从传统命名到“新潮”命名的跨越。

事实上，已经有不少商家在这方面抢先迈出了一步，而尤以港台的企业家们的表现最出色。

我国的传统店名，多讨吉利，常用“发”“隆”“兴”“泰”“和”“盛”“丰”等字眼。有的干脆从自己的姓名中取一个字，再加上一个“记”字作为店名，如王发的烧腊店叫“发记”，张坚的五金店叫“坚记”，虽然简单，但由于这类“记”字号的店铺多为街坊小店，因此显得通俗明快，富有亲切感。

随着时代的变迁，商店取名的旨趣也出现了很大的变化。过去那种卖啥名啥的“命名法”已日渐衰微，现代人喜欢突破传统，追求新奇，消费习惯也强调个性化。香港市面近年出现了一股取“新潮店名”风，这股风尤以服务行业最为盛行。这些新潮店名，有的是用谐音的手法，有的则化严肃为谐趣。

如，“三王一鬼”，你猜是什么店？原来，“三王”指的是粥王、肠粉王、面王，“鬼”是油炸鬼（粤语方言，油条的意思），这是几位年轻人合伙开的粥面店。

新潮店名，大多数是用谐音进行命名。如“饺饺镇”——北京水饺店名，它是从粤语“搞搞震”（调皮、捣蛋之意）衍化而来。懂粤语的人看了这店名，便会忍俊不禁。

“理发店”这个名字已经显得“老土”，不少更名为“××发型屋”“××发舍”。有叫“发裁轩”——不仅显出了对发型作剪裁的艺术，而且“发裁”谐音“发财”，甚妙。还有取名“编制铺”的，那更是标榜把头发当作材料，编制各种“云髻雾鬟”。最近街头还有更妙的，如“发新社”“高等发院”。只换上一个谐音字，既有趣，又贴切。

有的以经营作风为店名，如：“不二价”商店，“三不卖”汤水店。

有的则以英文字母作为店名，如“OK便利店”“KK超级市场”。还有以数字为店名的，如“7-11便利店”“三六九上海菜馆”。

眼镜店，取“88”，“8”由两个圆圈组成，横着看很像一副眼镜，而且“88”谐音“发发”，此外还含有一人备有两副眼镜之意。

新潮的店名例子实在不少，各种幽默、谐趣、标新立异的招牌，已成为香港“市场文化”的一大景观。

钟表店，取名“时间廊”，使人路过时，看到店名，会产生这样的联想：这里是时光隧道，这里是岁月走廊。提醒人们珍分惜秒。

艺术创作贵在含蓄而忌显露，“命名”既然被视为一种艺术，当然也就遵循这一审美规则，那种卖啥名啥、显山露水的命名法已逐渐过时。现在香港的商业命名，既要显示经营性质，更希望能有助于推广形象，并可“顾名思义”，引起联想，触发消费欲。

当你走到香港的闹市，看到“天天渔港”“新星渔港”等招牌，千万不要以为那是港口码头，可以看到波光帆影、樯桅林立，实际上那是酒楼食肆，是吃海鲜的去处。不过，以“渔港”为招牌，确能引起联想：这里供应的海鲜一定鲜活生猛，即点即烹。令人食指大动。

“大家乐”“大快活”是香港知名的中式快餐连锁店，它的命名走大众化路线，切合它所供应的食品。它采取“中央厨房”的经营方式，统一配备好物料，再分送到各处分店。一看这“大家乐”“大快活”的名字，就知适合一家大小在此用餐，吃个便饭，既经济实惠，又快捷简便，突出了“大众饭堂”的特性。

● 透视国内经营者给公司、店铺命名的弱点

前些年，国内许多企业命名过于保守，极易雷同，而且多有“官”的气息，少有“商”的色彩，甚至都算不上什么企业名称。

曾有人翻阅上海市的电话簿，发现以“东方”命名的商店、工厂竟有118家，而以“红”字打头的企业名更达几百家之多！

企业名称是区分企业的特定标志，而遗憾的是，以往我国企业名称雷同的现象很多。一些企业不是靠自己的努力去开创自己的声誉和知名度，而是千方百计套用别的著名企业名称，使消费者产生误解，以扩大自己的影响。

● 应避免店名给人“千人一面”的感觉

为了避免千人一面，不妨将商号与商标合二为一。曾经出现过这样的广告语言：“沈阳八王寺汽水厂欢迎您品尝金铎牌系列饮料”“沈阳味精厂生产的红梅味素三次获得国家金奖”“沈阳油脂化学厂生产的三威牌洗衣粉获得国际布鲁塞尔博览会银奖”。

商标和商品不一致，听起来别扭，且不便于记忆。而广东健力宝集团的“健力宝”牌系列饮料、广东太阳神集团的“太阳神”牌口服液、广东万家乐股份有限公司的“万家乐”牌热水器等等，这些企业用完全一致的商号和商标强烈撞击消费者的记忆神经，只要一提起健力宝饮料，就自然联想到健力宝集团，在广告宣传上收到了事半功倍的效果。

逐鹿市场的现代企业无不追求企业和产品的知名度，因此，把商标与商号统一起来便成了一些精明企业扩大知名度的法宝。近年来我国崛起的一大批知名企业，几乎都深得其奥妙，如“万科”“格力”“华为”等。

当今，商标与商号的一致，可说是一种世界性的潮流。谁

不知道“可口可乐”饮料是美国可口可乐公司产的，“丰田”汽车是日本丰田公司产的，“索尼”电视是日本索尼公司产的？这些驰名商标无人不知、无人不晓，而厂家的美名也随着商标远播世界。

近年来江西省南昌市个体商店、饮食店、理发店如雨后春笋般大量涌现，随之而来的是出现了一大批新的店名。如“味美思酒家”借一种酒的名称作店名，字面上颇能引发人们的食欲；“又一村酒家”取自陆游的名句“柳暗花明又一村”；由日本电影《追捕》中女主人公的名字真由美点化而来“真优美发廊”。另外，像“醉八仙酒家”和“美如神发廊”的取名也颇为巧妙，体现出店主的匠心。

● 粗制滥造的店名毫无价值

大多数的店名在构思上无新意，有的甚至是粗制滥造。如“常来往小吃店”“味道好馆”很平淡；还有的店名冠以“开开看”“想吃就来”，没有一点韵味。一家理发店竟命名为“大头理发店”，和美容场所的格调难以协调。另外，有一些设备简陋、规模不大的店家竟取了颇为洋气的店名，如“娜娜菜馆”“桑塔纳酒厅”“希尔顿酒家”“阿西门酒家”“大西洋服装店”等。

店名虽只有几个字，但在构思上的确需要下一番功夫。好的店名既可作为店家的标志，又能兼顾到人们的审美需要。考虑到前者，就要注意名实相符，且使之醒目；考虑到后者，就应力求构思新颖，且寓意高雅。

在四川省成都市的新都区，有一家专卖各种提包、书包、背包、旅游包、首饰包的小店，店名就叫“包包店”。外地顾客乍一看，会觉得这不像个店铺的名称，很是别扭。后来四川大学中文系的梁德曼教授解释称：四川话里不管大包小包，也不管派什么用场，统统称为“包包”，把单音节名称重叠也是四川话一大特点。

如此看来，命名也要考虑店铺所在地的语言环境。像“包包店”这样的店名，在四川当地的语境里就既通俗、上口，又有地方特色，自有其独到之处。

四川省成都市金牛区有一家饭店，店名叫“回回来”。这也很有趣，反映了店主热情招揽生意，希望有更多“回头客”的愿望。

语词本无所谓优劣之分，语词应用却有高下之别。某个词再“高雅”，用之不当就会牵强，甚至透出一股酸腐气。某个词很通俗，用得好却自有一番妙趣，引人注目。

成都有家火锅店，取名叫“烂龙火锅”。“烂龙”是个四川方言词，指不务正业的二流子之辈。开业之后，据说颇受哥们儿青睐，生意兴隆。

后来当地某报载文讨论社会用语，有人对此店名评议了一番，认为太不雅，引起了一番争论。

店主认为，天津的狗不理包子铺，不说誉满全球，至少已“冲出亚洲”，“狗不理”岂不是也很不雅吗？这倒是个有点意思的问题。

总而言之，给自己的企业、店铺起一个好名字，是每个经营者都必须重视也必须付出时间和精力予以解决的事。

尽管这件事做起来很麻烦，但却不得不做。

如果在商业命名中草率行事，随意为之，天马行空，粗制滥造，这样命名的名字是没有一点价值的。

2

给企业、店铺命名必须考虑的因素

尽管人们在给企业、店铺起名时有很大的自由度，可以充分发挥自己的想象力、创造力和灵感，但这并不意味着可以完全不受任何约束地去起名，而必须考虑到各个方面的制约因素。

了解这方面的内容可以帮助人们建立起给企业、店铺起名的基点，奠定起好名字的基础。

下文将通过对江苏省南京市 20 世纪 80 年代的 437 个店铺名称进行统计分析，分享当中的规律。认识规律，必将有助于店主对命名产生感性和理性的认识。

把握店名的基本结构特点

以国营南京新兴玻璃仪器商店为例，一般典型的店名结构可划分为 5 个逻辑项：

“国营”为 A 项，显示商店所有制的性质；“南京”为 B 项，表示商店所在城市（以下称“大地名”）；“新兴”为 C 项，店名中重要的区别性特征；“玻璃仪器”为 D 项，表示商店经营的项目和门类；“商店”为 E 项，商业店铺通名。

不过，通常情况下，店名中只有 B、C、D、E4 项，缺少 A 项。

店名中有 4 项的又分两种情况：

国营大众杂货店

南京石城灯具总店

前者缺 B 项，后者缺 A 项。

店名中有 3 项的分两种情况：

南京麻制品商店

佳色音像器材服务部

前者缺 A、C 两项，后者缺 A、B 两项。

这是因为在一般情况下 B 项是可选项：在南京街头看见的商店自然是地处南京的商店。其实店家也很懂得这一点。“南京市新街口百货商店”“南京山西路商场”等是注册店名，但在牌匾上都没有出现“南京市”字样。只有 B 项而无 C 项的是另一种情况，这时 B 项同时具有 C 项功能，是店名中的重要区别特征。如“南京自行车商店”不出现 B 项就成了“自行车商店”，实际上，此类命名十分罕见。

突出区别店名的不同身份

所谓店名身份，主要包括 3 个方面的内容：

- 店名的所有制标记。
- 店名的特殊隶属关系。
- 店名中体现的规模性质。

这 3 个方面，对企业、店铺命名的影响程度有所不同。而且随着社会的发展，有的内容已经变成命名时不必考虑的因素了。

●店名的所有制标记

如前所述，A 项是表明商店所有制性质的，但只有极少数店名采取这种标记形式，而绝大多数是无标记。对南京市 437 个店铺进行的统计中出现 A 项的仅 5 例，如“国营南京太行宫百货商店”。

●店名的特殊隶属关系

对南京市 437 个店铺进行的统计中只有 B 项而没有 C 项的有 22 例店名，例如“南京烟酒商店”“南京日用杂品商场”。

当时南京城区共6个区，每个区都有一个直属的区粮油食品店，这些店无一例外地都使用了区名作为店名，如“××（区）粮油食品（商）店”。

●店名中体现的规模性质

从前面的分析中不难看出这样一个规律：在过去，大多数的商店（场）很少用活泼的字眼，而倾向于采用地名成分。

以百货商家为例，“新街口百货商店”“人民商场”“太平商场”“中华门商场”“永安商场”“山西路商场”“山西路百货店”“湖南路商场”“下关百货商店”都是南京第一流的商场，除“永安商场”“人民商场”外，其他一律用地名成分命名。

在另一些大城市还常用序数词，如“上海第一百货公司”“上海第二百货公司”等。

相比之下，中小规模的商店店名就比较活泼，如“华丽百货店”等等。

在材料统计的61个中小规模的百货商店中，用非地名成分作店名的27个，占44%。

显然，中小规模的商家在店名取名方面尽可能平易近人，以其灵活多样、丰富多彩而取胜。

但是这并不意味着规模大的企业、店铺就必须板起面孔来取名。过分严肃的名字，既无法体现出商家经营特色，也会让顾客产生“拒人于千里之外”的感觉。

规模较大的企业、店铺在命名时，应兼顾严肃性与活泼性，尤其要在体现自己的经营特色和平易近人方面多花些心思。

还应该指出一点，在给企业、店铺命名时，随着我国市场经济的发展，店名的所有制性质和隶属关系已不是命名时必须考虑的因素了。

找准命名的立足点

前述中的C项代表店名的区别特征，是企业、店铺命名的立足点。

除了用地名成分作店名以外，C项是命名者最费心思的地方。店名的社会效益在很大程度上取决于C项。全面考察C项，有一个明显的特征，即C项表现出商业语言应用的两个基本着眼点，一是着眼于商品，二是着眼于商品的消费者。

●以商品作为着眼点

着眼于商品的店名，一个很带倾向性的现象是，C项总是采用与商品或服务项目相关的字眼。例如："嘹亮唱片社""北极制冷空调设备商店""美廉副食品商店""环城摩托车修理部""新容美发厅""味真香菜馆"。特别是同类的店名有时倾向于采用相同的字，很有规律性。

南北货商店倾向于用"林"字。13间南北货商店除6家在C项用小地名外，其余7个中有5个带"林"字，如"海林南北货商店"。

眼镜店倾向于用"光"或"明"字。6家专营眼镜的商店有3家如此，如"四明眼镜店"。钟表店则倾向于用"时"字，如："新时钟表店""计时钟表行"。钟表眼镜联营的商店通常在二者当中取一个，如："光明钟表眼镜店"。凡不带"光""明"或"时"的，一般都是用小地名作C项。

摄影是光的艺术，以下店名都突出了这一层意思，如："红光天然彩扩冲晒部""长虹照相""百花彩色摄影""新艺照相"等。

经营收录机的商店店名中常带"声"字，例如"佳声音像器材服务部"。

服装店的店名大概是最具华丽色彩的。“服饰”一词表明了服装“饰”的功能，服装商店的店名自然也要和它保持一致。这大概是服装店名讲究文采的一种社会心理基础。在71个服装店店名中，只有3个使用了地名成分。用色彩词作店名的有31例，占43%。其中直接出现“美”字的有7例，如：“祝您美时装百货商店”“新美服务店”“健美绸呢服装商店”等；直接出现“丽”字的有5例，如：“雅丽时装百货店”“蓓丽童装店”“佳丽服装店”“丽佳呢绒服装店”“俏丽时装店”等。出现“艳”“雅”“佳”的也不乏其例。

相比之下，五金交化商店的店名都是一副“冷面孔”，这些店名最倾向于用地名成分。在25家五金交化商店中，19个店名用地名成分。

花卉、古玩商店却另有一番情趣。诸如“未名花卉盆景店”“蕴玉堂”之类，整个倾向是突出一个“雅”字，这又和商品的性质挂起钩来了。

在服务行业中，最典型的是浴室。29家浴室除12个店名用地名成分外，其中还有8个带“水”字，如“雨水泉浴室”“阅江泉浴室”“温泉浴室”等。

●以消费者作为着眼点

着眼于商品消费者的店名，有以下两个方面的用意：

一是针对消费者的年龄特征，迎合不同消费者的心理。

在这方面最具特色的是儿童用品商店，这些商店都在“儿童”二字上做文章。如“小红花儿童服装商店”“蓓蕾童服店”“新新儿童鞋帽服装商店”“欢乐儿童用品商店”等。虽不能说南京城内只有8家儿童用品商店，但在调查范围内没有一个店名不是围绕着儿童的特征而命名的。

与此相对的是老年用品商店，在调查范围内仅一例：“舒乐老年用品百货商店”。“舒乐”二字针对老年人，如果把以上的“蓓蕾”“小红花”用于老年用品商店恐怕要成为笑谈，即使是把“欢乐”用于老年用品商店也不合适。“欢乐”与“舒乐”的同义选择在这里显得如此重要。

二是缩短商店和顾客的“距离”。

有个叫“尝尝看”的糕点店，店名就有很大的诱惑力。买与不买之间，一个“尝尝看”往往就把生意拉过来了。小吃这种消费活动弹性很大，一般并无计划，因此，诱购在这类行业最起作用。肯定有人被此店名提醒：“对，尝尝看，不好下次再也不来！”于是便心安理得地走了进去。

了解命名的地理环境和文化背景

商店命名时，地理环境和历史文化背景也是须考虑的一个重要的因素，以下分两个方面来叙述。

●地理环境对命名的影响

地理环境对企业、店铺命名的影响，主要体现在下述两个方面：

一是将地名引入店名的效果大不相同。如商业中心或主要商业区的地名容易被用作店名。

对南京437个店铺的统计中，店名中地理名词出现最集中的是“新街口”和“鼓楼”。如：“新街口百货商店”“新街口食品商店”“鼓楼杂货店”“鼓楼旅社”“鼓楼浴室”。

新街口和鼓楼是南京市的两大商业中心，因此这两个地名非同凡响，在命名时备受青睐。相比之下，其他街道上的商店使用地名的要少得多。

上述现象可以概括为：地名进入店名的概率与该地区在商

业中的重要性成正比。

此外，在南京，区域名比街道名更容易进入店名。新街口、鼓楼、山西路、太行宫、夫子庙等都属于以广场为中心的区域，习惯上包括广场四周以及相连街道的一段。这些广场四周延伸的街道另有地名。如鼓楼至新街口的是中山路，新街口至太行宫的是中山东路。这两条街上商店一个挨一个，相当于上海的南京路和延安路、北京的王府井大街。但这两条街上的百个商店居然没有用“中山路”或“中山东路”来命名的。

也许有一部分南京人不知道中山路的具体起止位置，但没有谁不知道新街口，这个奇怪的现象是和南京的商业分布密切联系的，更是和南京的商业传统直接相关的。这里引出另一条原则，即地名的知名度决定于地区（段）的商业地位。

二是每一商店都处于一个更大的商业环境之中，商店的效益与商业环境有密切关系。

每一个商店都要在特定的环境中考虑对策，店名也常常反映出这种现象。例如，同在中山东路有两家制冷设备商店，一家叫“北极制冷空调设备商店”，另一家叫“南极空调制冷设备商店”。显然两家是对着来的。“南极”对“北极”，“空调制冷设备”对“制冷空调设备”。两个店名的对垒就足以表现出强烈的竞争意识。

●历史文化背景对命名的作用

在众多的店名中，以南京在历史上各个时期的称号作为店名C项的已明显成为一类。以“金陵”命名的最多，如：“金陵橡胶商店”“金陵饭店”“金陵花席商店”“金陵药店”“金陵文化乐器专业商店”。

此外还有一些别的，如：“南京石城灯具总店”“石城制冷设备商店”“建康针棉织品商店”“建邺五交化商店”等等。

至于“钟山商场”“钟山装潢联合公司”“扬子江袜店”

都因“钟山”“扬子江”是南京的象征而进入店名。

南京市中华门附近有3家以“聚宝”为名的商店：“南京聚宝建材商店”“聚宝百货商店”“聚宝旅社”。若无缘由，“聚宝”实在是一个俗而又俗的店名，比叫“招财”或“进宝”好不了多少。然而这里取的是典故。相传明代修建“中华门”，多次施工都一再塌陷（现据地质学家考察，此处地层多有流沙）。后借了大财主沈万山的聚宝盆埋于城墙脚下，方修成中华门。中华门一度也叫“聚宝门”。上述情况表明，店名也犹如一个窗口，通过它可以再现古代历史文化。

有一个例子也很有趣。有一家“大观园食品商店”称：“取名‘大观园’，寓商品丰多、繁美，集四方食品于一店，洋洋大观；兼有中国食品源远流长之意。加上金陵乃红楼探源之佳地，套用此名，亦有一种古朴、典雅之韵味。”

让店名顺利获得注册登记

在给企业、店铺命名时，还必须考虑所取的名字能够登记。这一点是十分重要的。否则，名字再好，也毫无实际意义。为此，就必须了解下述内容。

●明确企业名称的定义

《企业名称登记管理规定》（2012年修正本）[①]第七条明确表示：企业名称应当由以下部分依次组成：字号（或者商号）、行业或者经营特点、组织形式。

---

①《企业名称登记管理规定》于1991年7月22日由国家工商行政管理局发布。2012年11月9日由中华人民共和国国务院令第628号公布修正，修正本于2013年1月1日起施行。

我国企业名称多为“四段式”，即“政区＋字号（商号）＋所属行业（或经营范围）名称＋组织形式称谓”。

如“秦皇岛市耀华玻璃厂”“北京市北冰洋食品公司”等。

其中的政区名称为秦皇岛市、北京市，营业主体所属行业（或经营范围）名称为“玻璃”“食品”。名称当中的“耀华”“北冰洋”才是商号。

商号是指商品生产经营者在营业时使用的字号，并不等同于企业名称，商号使商品经营者与其他众多企业、店铺区别开来。商号名称的命名，通常是进行企业、店铺命名的活动中比较重要的环节。

关于选用商号，国外有两种体例：

一是商号真实原则，德国、法国、瑞士等采用这一原则。按照这一原则，商号必须与营业主体的姓名（指自然人）、营业种类彼此相符。

二是商号自由原则，美国、英国和日本等采用这一原则。这种原则允许商号的名称与营业主体的姓名、营业种类不符，但要依法登记注册。

●如何才能使店名符合登记的有关规定

对企业、店铺名称的选择，有完善明确的法律规范，企业、店铺的名称要符合这些相关法规，在登记时才更顺利。

·企业、店铺名称须健康、规范，不得有损国家、社会或公共利益。

这类禁用名称主要有三类：一是与我国国家名称、党政机关名等相同或类似的，二是有害于社会主义道德风尚或者有其他不良影响的，三是带有民族歧视性的。

·企业、店铺名称不得同外国国家（或地区）名称相同或近似。

·企业、店铺名称不得同政府间国际组织的名称相同或近似。

·企业、店铺名称不得使用以外国文字或汉语拼音组成的名称。

·同行业企业、店铺名称在法定范围内不得雷同。

《企业名称登记管理规定》（2012年修订本）第九条规定，企业名称不得含有下列内容和文字：

（一）有损于国家、社会公共利益的；

（二）可能对公众造成欺骗或者误解的；

（三）外国国家（地区）名称、国际组织名称；

（四）政党名称、党政军机关名称、群众组织名称、社会团体名称及部队番号；

（五）汉语拼音字母（外文名称中使用的除外）、数字；

（六）其他法律、行政法规规定禁止的。

《企业名称登记管理规定》（2012年修正本）的第六条规定，企业只准使用一个名称，在登记主管机关辖区内不得与已登记注册的同行业企业名称相同或者近似。

确有特殊需要的，经省级以上登记主管机关核准，企业可以在规定的范围内使用一个从属名称。

第七条规定，企业名称应当由以下部分依次组成字号（或者商号）、行业或者经营特点、组织形式。

企业名称应当冠以企业所在地省（包括自治区、直辖市）

或者市（包括州）或者县（包括市辖区）行政区划名称。

第十三条规定，下列企业，可以申请在企业名称中使用“中国”“中华”或者冠以“国际”字词：（一）全国性公司；（二）国务院或其授权的机关批准的大型进出口企业；（三）国务院或其授权的机关批准的大型企业集团；（四）国家工商行政管理局规定的其他企业。

此外，根据我国法律规定，凡营业主体均须到工商行政管理部门办理登记手续，否则不得开业。而营业主体的商号须随营业登记同时办理登记。

我国对企业名称登记采用强制登记、登记在先、分级核定与管理等原则。

附：中国老字号命名的优缺点

分析《江苏名镇商业》[①]一书中收入的从晚清至1949年江苏省28个镇、538个老字号名称，其命名风格与新中国成立后，尤其是近十多年的企业、店铺名称比较，可谓“天壤之别”。老字号命名的优劣得失，对今天的商店命名也不无参考借鉴价值。

●时代特征不明显

从晚清至1949年，这半个多世纪中，政局多变，战事频繁，经济动荡，但设立于各个不同时期的店家名称却很少留下政治和时代的印记。

以昆山周庄镇为例，嵩山堂药店、德和酱园、公茂南货店、

---

①江苏省商业厅商业史志办公室．江苏名镇商业[M]．南京：江苏人民出版社，1991.

益寿茶庄、协丰米行，有的建于清嘉庆年间，有的始于清咸丰年间，有的建于民国年间，还有的建于抗战以后。光从“德和”“公茂”等字面很难推知其成立年代。

“无时代性”是新中国成立前商业名称的一个显著特点，也是店铺命名中应予倡导的一个优点。唯其“无时代性”，才能代代相传，不必因时因事而更名。而迎合潮流的店名，即时效果虽好，但易“过时”，一旦“过时”便显得不伦不类，是命名中的一种短视行为。

●没有体现出地域性

《江苏名镇商业》所列的28镇老字号中，苏南与苏北各占一半，但在店名上都很少使用地名，呈现较强的一致性。达昌鱼行、公正大绸布店、协源茧行、永源木行……从名称上难以看出“地分南北”“店在何方”。老字号不以地名入名，也是企业、店铺命名中一种值得倡导的方法，在某种程度上，它使商号具有更大的开放性，传播的范围可以更广。

●通名类别少

老字号的通名类别仅限于店、栈、庄、行、园、楼等少数几个单音节词，它们大多与表示经营产品或服务项目的“茶、饭、酱”等组成双音节的复合名称。通名类别的多寡，间接反映了商品经济的发达与否。

●行业特点不明显

除了浴室、茶庄的商号较重文学性，较有行业特点外，米行、盐业、酱业、棉布业、广货业、典当及银楼等行业的商号在用字、风格上颇为接近，几乎可以互换通用。

行业特点不明显的缺点容易导致千店一面，易形成跨行业的商号重名。

●姓氏商号的比例过大

沈裕昌米行、吴公裕酱园、王大全药店、苏德昌棉布店……这类冠以姓氏的店名计有158家，占所有店名的1/4。姓氏店名有较强的“私营”色彩，在一定程度上加强了店名的识别度。

●用字集中，重名率高

538家店名所用总字数（包括重复使用者）为1387个，平均词长2.6个音节。使用频率最高的10个汉字及其出现次数为：“泰”字65次、“丰”字49次、“大”字46次、“和”字44次、“恒”字38次、“昌”字38次、“源”字37次、“兴”字36次、“德”字29次、“祥”字28次。10个字共出现410次，占总字数的近30%。

用字集中带来的消极影响是店名风格接近，缺乏个性，而且重名率较高。

店名用字集中也是当前我国商号命名的一种突出现象。如南京市734家非地名的店名中，“新”字就出现了110次，被用得没有一点“新”意。

造成这种现象的原因是：命名思路过于狭窄，命名的“工艺”水平还比较低，用字只图吉利，同时学界、商界对命名研究重视不够，缺乏理论和应用研究的深度。

●洋字号多用中国名

新中国成立以前，在华的洋行洋货在命名上大多遵从汉语习惯。如美孚煤油公司的“谦益商店”，英商的“和大公司”“班达洋行”，德商的“大明煤油站”，日商的“大化洋行”“共进洋行”等，除了“洋”字还能表明其“洋”身份外，多数商号名称以“意会”为主，音译比例小、汉语化程度很高。

这与当前国货多用洋名，外国公司及其产品在中国市场坚持用音译名称的局面形成了鲜明对照，值得深思。

●成功老字号举例赏析

当然，在老字号的命名中，也有一些特别成功、富有特色的商业用名。

下面，我们以北京的一些老字号为例，对此予以简要的说明。

全聚德

开业于清同治三年（1864年），创办人为河北省冀县（今之冀州市）杨家寨人杨寿山，字全仁。他最初在北京正阳桥头旁摆设小摊，专卖鸡鸭。几年后，逐渐积累了资本。恰逢肉市胡同一家由山西人经营的杂货铺“德聚全”，因生意萧条，无法营业。他买下该店，开设挂炉铺，将铺名改为“全聚德”，“全”字暗含自己的字（全仁），有“以全聚德，财源茂盛”之意。

都一处

开业于清乾隆三年（1738年），开业时称“李记”酒店。创办人姓李，籍贯山西，初来北京时曾在肉市的碎葫芦酒店当学徒，出师后自办酒店，店铺位于前门外大街路东。据传乾隆皇帝于乾隆十七年（1752年）旧历年三十夜晚微服来酒店二楼雅间喝酒，十分高兴，当晚京城只有这家开业，回宫后，提笔书写“都一处”，并派太监用虎头牌匾送到酒店，酒店名声顿时大振，经营的马莲肉、晾肉闻名京城。

仿膳饭庄

创办于民国14年（1925年），由原在清朝皇宫内任职的赵润斋创办。他邀请御厨孙绍然等几位厨师，在北海公园北岸开设饭庄，取名“仿膳”，即仿照清宫御膳房的做法烹制各种菜点。

老正兴

清同治元年（1862年）由祝正平和蔡任兴合资在上海创办。最初二人各取姓名中一字为店名，叫“正兴馆”，后改为“老正兴”。

东来顺

创办于清光绪二十九年（1903年），创始人是位名叫丁德山的回民，他在东安市场上得到一块地皮，搭起棚子挂出“东来顺粥摊”的招牌。“东来”是表明他从城东来，“顺”是他希望生意一帆风顺。

天福号

开业于清乾隆三年（1738年），原址在西单牌楼东北角。据说，开店初期无正式牌匾，后到市场上买了一个“天福号”的旧匾挂上，由此“天福号”就成了该店的招牌。

荣宝斋

创办于清康熙十一年（1672年），是京城经营名人字画、碑帖篆刻和文房四宝的著名老字号，原名松竹斋。光绪二十年（1894年）店主根据“以文会友，荣名为宝”的经营原则，改名“荣宝斋”。

戴月轩

创建于民国5年（1916年），是专门经营湖笔的老字号店铺。创始人戴斌，号月轩，浙江湖州人。他幼年来京学艺，曾在“贺莲青”笔店拜师学徒，期满后自立门户，开办戴月轩湖笔店，是北京琉璃厂唯一用自己名字为店名的店铺。

一得阁

开业于清同治四年（1865年），创办人谢崧岱。据传，他为南方进京的考生，科场失意后，潜心研制墨汁，在考场外兜售，受到欢迎，进而开店设厂，并自题对联“一艺足供天下用，得法多自古人书”，取上、下联首字，取店名为“一得阁”。

店铺为一座二层小楼，前有游廊，东西各是胡同，与其他店铺不衔接，似有“阁”意。

劝业场

清光绪三十二年（1906年），清政府征用位于北京廊房头条的会元堂旧址，设立“京师劝工陈列所”，是京城首幢综合商业楼。后几经变迁，在今址重建，改名为北京劝业场，意在“劝人勉力，振兴实业，提倡国货”。

内联升

开业于清咸丰三年（1853年），是经销各类鞋的老字号。取名“内联升”，内，指大内，即皇宫，表明鞋店与皇宫有联系，是供奉皇室的商号；联升，为“连升”的谐音，取其吉利。

一条龙

为前门外的羊肉馆，原名“南恒顺”。据说，有一天有主仆二人在这儿吃完饭未给钱，店主没有为难他们。没想到第二天就有清宫太监送钱来了，大家才知道昨天吃饭的年轻人即光绪皇帝。消息传开，人们遂把南恒顺叫作“一条龙”。

3

商业命名的基本特征

除了前文所述企业、店铺命名，商业活动中，商业命名还包括了产品、品牌、商标和服务类的命名[1]。一个企业或店铺名称、品牌名称、商标名称等商业名称产生后，究竟是好是坏，

①陈妹金．商业命名漫淡[J]．语文建设，1997.

很多人无法判断。

在本节中，我们将详细介绍好的商业命名必备的基本要素，为商家提供帮助，以便其更好地把握命名的规律，减少和避免命名的盲目性。

一个好的名字，是一种产品、一个企业拥有的一笔永久性的非物质财富；一个好名字，能唤起人们对美好的联想，使其拥有者得到鞭策和鼓励。正因为如此，许多企业都通过富有寓意的名字来寄托志向、情怀，树立良好的企业形象。

以我国“体操王子”李宁的名字命名的“李宁牌”体育用品系列，寓意着企业要以李宁的拼搏精神改变我国体育系列用品落后的局面，追求世界一流的产品。“李宁牌”对于他们来说，与其说是一个商标，不如说是一种企业精神。

一个知名商标是一个企业公认的“无形”财富。

我国杭州娃哈哈营养食品厂的“娃哈哈”商标，仅 1990 年一年就创税利 2650 万元。

商业命名或商标名称是好是坏，仅凭商家的主观臆断和想象是不能作出区分的。只有符合这些基本要素，才能称得上是好名。

命名应易读易念，发音响亮

一个好的名字，必须具备易读易念的特征，这样才能在公众心目中留下深刻的印象，而且利于传播，从而为企业、店铺创出更大、更好的名声。

要使店名或商标易读易记，必须符合以下条件：

●笔画简洁

笔画太多的名字，从远处看很难分辨，这样会失去一部分潜在顾客，尤其是在同类店铺密集、竞争者众多的市场上，就更难引起人们的注意了。在餐饮业中，这种现象尤为明显。

●不用易混淆的字

尤其在给企业、店铺命名时，用了容易混淆的字，则会给顾客造成识别上的困难。

有时候，还可能引起顾客的疑惑或误解。

一般说来，有谐音或可联想到其他字的字，都容易引起混淆，因而应避免使用。否则，不仅顾客容易读错念错，还可能因为把握不准字的读法，而不愿意在其他人面前传播。

●发音容易

要想使名字在顾客那里易读易念，就必须选用那些发音容易的字。一些发音困难或连起来念不顺口的词，应竭力避免。

关于如何选择发音容易的字这一问题，后文将有详尽、细致的论述。

●多用常见字、词

尽量选用常用的字、词，不要单纯地为追求独具一格而选用那些很多人都不认识的生僻字或生僻词。否则会增加顾客的辨别难度，甚至会使顾客因念不出店名而避而远之。

一定要记住，商家命名是为吸引顾客、扩大销售额而起的，绝不是为考顾客的语文水平而起的。

●勿用繁体字

很多商家在起名时，往往喜欢使用繁体字。

这种现象在广东尤为普遍。据统计，广州市曾有60%～70%的店名用的是繁体字。

有人曾经问：我国从20世纪50年代开始统一使用简化字，

认识繁体字的人不多，不知商家用繁体字起名的用意为何？

这恐怕是受了传统的店铺命名方法的影响，在笔画上想求个“吉数”，而且千方百计想做得符合传统命名方法的要求。

实际上，这种做法并不利于商家吸引更多的顾客，时间越是后移，这种做法的弊端就越明显。

命名追求过目难忘

好名字或商标名还必须具备易听易记的特征。

因为如能使顾客看到企业、店铺名称后过目不忘，就能提高其重复购买的欲望，带来更多的回头客。

要想使企业、店铺的名称好听易记，就必须符合以下条件：

●字数要少些

企业、店铺的名称，字数一定不要太多。

据统计，多数店名都应是2到5个字。在这个范围内取名，可说是最佳字数。

这是有科学根据的：曾有人用速记器做过一项试验，以千分之一或千分之二秒的瞬间让受试者听广告，测试他们能听到、记得多少字。

结果表明，一般人的记忆以5个字为限。

因此，公司、店铺的名称不要超过5个字，以免让人印象不深。另外，还有研究表明，人们在阅读时，和听力的规律是一样的。

●文字排列要科学

商家取的名字产生后都要排列到招牌上。招牌上名字的排列分竖排和横排两种。

竖排要注意上下两个字连在一起是否会让人误会。

例如，“一”与“十”竖排容易被误认为“干”。

横排时，要避免采用自左向右念与自右向左念让人分不清的名字，以免混淆不清。

●字体设计要美观

现代社会是个讲究设计与美感、讲究艺术与享受的社会。

设计一种美观而且适合企业、店铺特色的字体，就能引起顾客的注意，加深他们的印象。

但是，设计字体时，不要因追求美感而影响了顾客对店名的识别，要能让顾客清楚地分辨。否则，效果会大打折扣。

命名应名正言顺，名副其实

中国人历来讲究“名正言顺”。

古语云：“名不正，则言不顺；言不顺，则事不成。”

一旦“事不成”，商家当然也就无法赚钱了。

所以，“名正言顺”应是好的命名的必备特征。

当然，名正言顺本身已经包含有“名副其实”的含义了。

●名正，才能言顺

名称是事物的专有标志，只有名实相符，才能准确地反映事物的特征，让人叫着顺口、听着顺耳。这就是古人所说的“名正言顺”的含义，谓做事理由正当而充分，含有理直气壮的意思，因而“名副其实”是命名的第一原则。

我国颁布的《企业名称登记管理规定》明确指出，企业名称不得含有“可能对公众造成欺骗或者误解的”内容和文字。

目前在企业取名，尤其是店铺的取名当中，比较突出的问题是夸大、攀贵、崇洋的倾向。

有些档次不高、规模也不大的店，却动不动就冠以“某某大饭店”“某某大舞厅”，再不就是纷纷叫“城”，像美食城、玩具城、儿童城、娱乐城、装饰城之类，还有的嫌不够，命名为“亚细亚”“五洲”“环宇”等等。

盛名之下，其实难副。

另一种不实的表现是攀贵，动辄向“皇家”靠拢。皇都、皇冠、帝豪、王子、皇后、贵族等店名满街都是，令人目不暇接。

崇洋有时也令人啼笑皆非。一些与异国没有什么联系的店铺也取洋名，像什么“欧罗巴餐馆”“法兰西发屋”“伊丽莎白歌舞厅”等。

夸大、攀贵、崇洋原本是为了招徕顾客，但实际上却往往会起到反作用。

企业、店铺名称是否夸大其词，品牌商标的命名是否与实际相符，人们往往一看便知，而名不副实很容易引起顾客的反感。

我国《商标法》第七条规定，申请注册和使用商标，应当遵循诚实信用原则。商标使用人应当对其使用商标的商品质量负责。各级工商行政管理部门应当通过商标管理，制止欺骗消费者的行为。

命名要与众不同，体现特性

起名字的目的在于区别。名字雷同或过于相似，就会失去其意义，有时甚至会带来麻烦。

但在我国，不同的产品使用相同的名字，或企业名称中商号相同或相似的情况相当普遍。在商标取名中，集中表现在选用名胜古迹、动植物名称上，如以“长城”为商标的产品至少有“长城电脑”“长城电扇”“长城葡萄酒”“长城风雨衣”等，以“熊猫”为商标的产品有“熊猫照相机”“熊猫收音机”“熊猫童装”等。

这种重名现象虽然是允许的，但在宣传上由于缺乏新鲜感，而不容易引起人们的注意，当人们接触到这个商标名称时，搞不清它所代表的是什么。当然也就会影响到企业形象的确立。

另外，采用广为选用的名词做商业命名，在国内可能没有什么问题，但在国外注册时却经常会因为与其他商家“撞车”而遭到拒绝。

怎样才能做到让命名有个性化呢？

●别出心裁

许多商号、商标缺乏个性是因为在取名时用心不够，从众选词而造成的，所以想克服雷同化的问题，就要别出心裁。

北京站有家“兄弟餐馆”，使人想到“四海之内皆兄弟也”。这种名字就比较有特色。

北京东城区有一小巷中的餐馆，名曰“居无竹”。苏东坡诗云“宁可食无肉，不可居无竹”，因为“无肉令人瘦，无竹令人俗”。可这位老板偏反其道而行，他明言“居无竹”，暗扣“食有肉”，说白了就是这里的饭菜是极有油水的。

●不拘一格

所谓“不拘一格”，就是突破同类商号或产品取名的一般格局，以一种与众不同的方式来取名。

不少企业在取名时，都循着一条较固定的模式，虽然名字不同，但模式一样，这同样会影响到企业和商品的宣传效果。

以营养液为例，许多厂家惯于以这个“宝”、那个“霜”来取名，同类产品多，差别又不大，名称也一个模式，其中的某一具体产品就很难给人留下独特的印象。在这种情况下，突破常规命名模式，就变得非常重要。

如方便面产品“康师傅”，除了产品本身叫得响外，恐怕与这个个性化的名字也有着密切的关系。因为它突破了常规的命名方式，将产品商标名称人格化，让人联想到一个方便面师傅的形象。同时康师傅的“康”字还有健康之意，当然让人一下便记在脑海中，进而对产品产生好感。

●另辟蹊径

“另辟蹊径”就是避开目前商业命名的常用字，或将一些常用字巧妙组合，或选择那些尚未引起人们注意的词，也能使名字富有个性。

如“蝙蝠电扇”就起得非常成功，可说是佳名。

需要注意到的是我国《企业名称登记管理规定》明确规定，企业只准使用一个名称，在登记主管机关辖区内不得与已登记注册的同行业企业名称相同或者近似。

要解决这一问题，主要靠企业法人掌握一定的命名知识。

命名讲究音义俱佳，给人美感

名字发音的好坏不仅关系到名字的听觉形象，而且关系到品牌能否让人读来顺口、响亮。

许多驰名的商号、商标，其命名者在取名时都极力为自己的商标、商号寻求最佳的发音。

如“SONY”（索尼），读起来简洁有力；柯达公司的创办人乔治·伊士曼在为自己的品牌取名时，特意选用了语气较强的“K”（King），想出了“KODAK”这个前后用“K”铿锵有力的名字。

那么，怎样才能发音好呢？

●韵辙有别

在我国古典文学中，把合辙押韵的作品通称为韵文。通过合辙押韵形成韵律美，这是我国古典诗歌和民歌的优秀传统。诗歌、曲艺等作品中讲韵，主要是看韵母组成中的韵腹，即主元音是否相同或相近，或者是韵腹带韵尾是否相同或相近。押韵，即是在诗歌和唱词的句末用上同一个韵的字，使之产生一种声音回环的和谐感。合辙与押韵意义相同，是戏曲、曲艺作品中的说法[①]。如戏曲京剧中的十三辙是把京剧演唱的所有字韵综合归集成为十三种类型，而每一辙中的韵腹或韵尾基本相同[②]。

A. 发花韵：-a，-ia，-ua
B. 梭波韵：-e，-o，-uo
C. 乜斜韵：-ie，-üe
D. 一七韵：-i，-ü，-er
E. 姑苏韵：-u
F. 怀来韵：-ai，-uai
G. 灰堆韵：-ei，-uei（ui）
H. 遥条韵：-ao，-iao
I. 由求韵：-ou，-iou（iu）
J. 言前韵：-an，-ian，-uan，-üan
K. 人辰韵：-en，-in，-uen（un），-ün
L. 江阳韵：-ang，-iang，-uang
M. 中东韵：-eng，-ing，-ong，-iong，-ueng（weng）

京剧的十三辙中，不同的韵部的开口度是不同的，这种发

---

①梁前刚，郭进双．诗韵常识简编 [M]．郑州：河南人民出版社，1979.
②张再峰．怎样唱好京剧 [M]．长沙：湖南文艺出版社，2011.

音给人所造成的听觉感受也是不同的。运用到取名中，就是有意识地根据取名对象的特点和取名的整体美学追求选择合适的发音。如欲求阳刚、豪放的风格，可采用江阳、中东、言前、发花等开口度较大，发音比较洪亮的韵辙。而欲求阴柔、婉转，则可采用一七、乜斜、姑苏等开口度小、发音细弱的韵辙。

●平仄协调

古汉语有平、上、去、入四声。对于不同声调的差别，古人曾有过描述，“平声哀而安，上声厉而举，去声清而远，入声直而促”。

古人把平、上、去、入四种声调又分为两大类，这就是平和仄。所谓平，是指古代的平声，其特点是没有高低起伏的变化。仄是不平的意思。上、去、入三声，因为有高低起伏的变化，所以归入仄声。平、仄两类声调在诗文中交错使用，读起来就会产生一种抑扬顿挫的美感，显得富有音乐特色，从而增强了艺术效果①。

在现代汉语里，阴平、阳平是平声，上声、去声是仄声。古汉语中的入声字，由于音变分别并入现代汉语中的阴平、阳平、上声、去声之内了②。

所谓平仄协调在取名运用时，就是使用用字组合名字平仄相间，以便使整个名字读起来抑扬顿挫，富有音律美。如：美加净（仄平仄）、全聚德（平仄平）、花之雨（平平仄）。

一般说来，平声读起来语调平缓，仄声曲折沉重。因此在取名时，要特别注意避免仄声相连。平声相连，虽有失抑扬顿挫的节律，但由于语调较高且平直，声音拉长而不变调，一般来说，不会影响音节搭配的效果。

---

①郭芹纳．诗律 [M]．北京：商务印书馆，2004.
②苏长春．对联漫话 [M]．沈阳：辽宁人民出版社，1988.

●谐音趋吉

汉语里有许多同音字（词）和近音字（词），它们虽然发音相同或相近，但意思却会相差很远。如“邮票”和“油票”、“向前看”和“向钱看”。

所以，在取名时，除了要注意名字的音节响亮和音节之间搭配外，还要留心一下，所取的名字中有没有谐音字（词）。如果有的话，要念念它的含义是否恰当。

如果有一种电脑服务，商标名称为“波通”，“波”就有个谐音字“拨”，即“拨号”的意思，那么“一拨就通（电波）”这个谐音就很讨喜。“蜜蜂”牌保险箱，“蜜蜂”谐音“密封”，婉转地揭示了产品性能。“佳客”牌服装既让顾客感到礼遇，又谐音“夹克”。这样的谐音都是非常好的。

“金狮”领带的老板为推销产品，到处赠送领带，但不知何故朋友们却婉言相谢，拒不接受。后来他将商标改为“金利来”这个吉祥的名字之后，领带大受欢迎。所以名字的谐音情况有时不但要考虑普通话，还要考察方言乃至某些相关的外语的发音。

●命名考虑功能齐全、富有市场效应

取个好名字的最大目的，乃是为了吸引顾客，有助于企业、店铺走向市场，更好地从事市场活动。而要想达到这一目的，店名就必须具备功能齐全、富有市场效应这一特征。

关于企业、店铺命名的功能和作用，前文已经比较详细地谈过了。不过，在此仍有进一步阐述的必要，而我们谈论的角度，与前面也有所不同。

企业、店铺命名的功能越齐全，其所能得到的市场效应就越大。概括地说，一个好名字应当具备以下五个方面的功能，才能称得上功能齐全。

识别功能

易于识别，是一个好商业名称首先应当具备的一个最基本的功能。

例如，人们一听到“五粮液”这个名字，就会很容易记住它，并与别的白酒企业区分开。原因就在于它很有个性，容易引起人们的联想。

而那些以“东风”“向阳”“红星”命名的企业，则给人一种模模糊糊的感觉，增加了人们识别的难度。

商业名称只有具备了识别功能，才能使消费者在众多企业中很快将之分辨出来。

便利功能

一个好的商业命名，还必须易读、易念、易听和易记。

在现实中，有的商业命名说起来很拗口或者很难记，这就会给消费者购物带来不便。

广告功能

一个好的商业命名，本身就应当是一则很好的广告，具备广告的功能。

商业命名要想具备广告功能，就必须让人读起来通顺、响亮，容易记忆。比如，“光大银行”“联想集团”等名字，就是这方面的典型例子。

美化功能

如果商业命名的设计富有艺术性，那么，带有这种名字标志的物品，就会被人们作为装饰物，或贴于厅堂之中，或挂在身上较为显眼的地方，起到宣传的作用。

4

企业、店铺等命名的六个思路

给企业、店铺等命名，是一种创造性的活动。

创造性是所有好名字产生的共同源泉。

但是，创造性绝不是无缘无故就可以生发出来的，更不可能无中生有。

正如牛顿之所以能够在科学上做出创造性的贡献，是因为他站在了“巨人的肩膀上”，能够站得高、看得远。

同样道理，要想给企业、店铺、品牌或商标起个好名字，也需要遵循一定的规律，从已有的思路上发现新东西，展开新思维，进行新创造。

读完本节所论及的多种命名思路后，必能使你茅塞顿开，触类旁通，思维变得更活跃，思路变得更开阔。

企业等在命名时，要考虑以下几个问题：

名称是否反映了你的组织的产品和服务？

企业等名称是否容易发音，容易使人理解？

企业等名称是否容易拼写？

企业等名称看上去是否令人感到满意？

企业等名称与标语放在一起时，看上去是否恰到好处？

企业等名称是否符合国家相关法规要求？

企业等名称是否容易与其他企业名称混淆？

企业等名称是否具有独特性？

企业等名称是否已登记注册？

这些观点同样也适合于其他方面的商业命名。

我们分析大量的商标、企业等名称，将取名的思路归纳为以下六个方面。

命名要借名生辉

借名生辉的好处很多，方法各异，主要可分为借用人名和借助地名两种。

●借用人名的好处与方法

以产权人或创始人的名字来取名一直比较流行。如著名的老字号“张小泉刀剪店”“李锦记”“泥人张”等，天津的“狗不理”包子店其实也是以人名作店名。“狗不理”的创始人高贵友的乳名叫“狗不理”。现代的有以体操王子李宁的名字命名的“李宁牌”体育用品系列，以著名歌星杭天琪的名字命名的“北京天琪艺术学校”等。

此外，传统上还有许多是用“姓（名）+记”或“行业+姓氏”的方法来取名的店铺。如李记、王记、珍记、泥人张、烤肉季等。

如果产权人或创始人为两个或两个以上的人时，则采取各取一字或概括简称的方式。如我国饮食业的老字号“老正兴”，最初取名“正兴馆”，是以两个经营者祝正平和蔡任兴名字中各取一字命名的。至于“正兴”前的“老”字，则是正兴馆的名声打出去之后，同行中纷纷取名正兴馆，首创者为保持自己的名牌地位而加上去的。

●借用地名的多种方式

以地名作为企业名称也是较常见的一种命名方法，这种方法就是以企业、店铺所在地的地名取名，例如“永定路商场”“甘家口商场”等。

地名是一定地域的专有名称，一提起某个地方的地名，人们往往能联想到那个地方的历史、文化、风景、物产等丰富的内涵。地名除了通常作为一地之称的普通意义之外，还具有广泛而深刻的语义内容。

正因为如此，地名也是人们选择商标名称时所经常考虑的素材。但另一方面，地名作为一定地域的专有名称，它不属于某一个工厂、企业。所以我国《商标法》规定:“县级以上行政区划的地名或者公众知晓的外国地名，不得作为商标。但是，地名具有其他含义或者作为集体商标、证明商标组成部分的除外；已经注册的使用地名的商标继续有效。”

历史发展中，一个地方，除了现在使用的国务院公布的名字之外，往往还有曾用名、别称等，而这些地名在现代社会生活中已经失去了原来的正式称呼意义，所以可以不受《商标法》中有关以地名作商标的限制，是人们为商标取名的很好素材。

在我国漫长的历史发展过程中，很多地方都留下过一系列不同的名字。

如北京，春秋叫“蓟”，后来又叫“燕京”“北平”等名称。西安古称“长安”，南京古称“金陵”，等等。这些古地名虽然不为官方使用，但它们作为一种文化遗产，并没有在民间消失，许多古地名和国务院公布的地名一样广为人知，成为一个地方的代称和美名。

用古地名作为商业名称不但可以使人看出企业的所在地，而且能够让人由此产生美好的联想。当人们看到“燕京”啤酒，便可以马上想到它的产地——首都北京。

许多城市都有自己的别名。如广州又叫“羊城”，昆明又叫“春城”，济南又叫“泉城”等。这些别名非常优美，富有诗意，因此成为人们为商号、商标取名的很好的素材。如济南乳品厂的“泉城”、宜兴市地毯厂的“陶都”等商标。

为了在商业名称中既传达商品的产地信息，又暗示商品的功能、品质等其他信息，可以用地名中的一个字与其他字配合，构成一个表示一定含义的新词。

霞威——山东省栖霞化工厂农药、杀虫剂商标

海派——上海小花园鞋店鞋帽的产品商标

申光——上海牛奶集团乳制品商标

借用诗词、典故命名

借用诗词、典故给企业、店铺等命名，也是一种很好的命名思路。

●借典起名的奇妙效应

诗词、典故蕴含丰富的文化底蕴和美学价值，能够使人产生联想，所以常常成为人们用来为企业、店铺等取名的素材。许多名店都是以此而获得典雅、富于诗情画意的店名。

杭州的“楼外楼”饭店店名出自南宋林升《题临安邸》的“山外青山楼外楼，西湖歌舞几时休”的名句；沈阳的“鹿鸣春”，取自《诗经·小雅》的“呦呦鹿鸣，食野之苹”。

●借诗词、典故起名的五种方法

一是以诗词作为依据。

二是从起名者所熟悉的专业中去寻找“典”，以作借鉴。比方说，如果是一家从事化学的企业、店铺等，不妨从元素周期表中选择中意的元素名称。如果是一家从事中医的企业、店铺等，亦可以医书为“典”。

三是为防重名，一方面了解同行的名称，另一方面可以花点力气从书籍中发现璀璨的名字“宝石”。

四是在常见的书中寻找不常见的搭配。如从《三字经》中“人之初，性本善”这句挂在老百姓嘴边上的典故中选出“之”和“善”，组成“之善”或“善之”。

五是借助工具书。在借诗词、典故取名中，必须弄清楚采用的每个字的含义，并注意字词间的相互搭配效果，以免误引错用。搞不懂的“典”不用，有歧义的“典”舍弃，只有这样，才能达到为名字增辉添彩的目的。

标明特色命名

在给企业、店铺等命名时，如果能够在名字中标明特色，则可起到多重效果。

●标明特色的名字就好比一则“微型广告”

以标明企业、商品特点和服务质量的方式来为企业、服务行业及商品取名，是一种广为使用的取名方法。用这种方法取名就好比企业、店铺的一则“微型广告”。

如北京的中关村电子一条街上，“联想集团”就有一个绝妙的广告——“人类失去联想，世界将会怎样？”西单北大街有家“万里鞋店”，如果我们把店名稍稍转化一下，就发现这是一则非常精彩的广告——“穿万里鞋，行万里路”。

●有特色，就会有好感

这种标明特色的命名方法要求命名与企业和产品本身有适当联系。像“海飞丝”“永芳”等化妆品，名字优美、动听，又接近产品本身特性，能得到消费者的好感。

●标明产品特色的方法

餐饮业取名可亲切、通俗一点，如“香喷喷菜馆”“味真香小吃店”，也可根据实际情况而取富有诗意的店名，如“醉仙居”等。

照相馆、眼镜店等注重“光”“明”二字，一个讲究的是用光的艺术，一个讲究的是再造光明，所以都可在这方面多加考虑。照相馆等如“风光照相馆”“红光照相器材商店”“华光照相”，眼镜店等像“晨光眼镜店”“大明眼镜店”“启明眼镜店”“精明眼镜店”“明明眼镜店”等都标明了行业特色。

乐器店铺等都与声音有关，所以可以围绕声音来取名，如“宏声乐器行”“新声乐器店”等等。

音响店铺等与声音有关，如“宏声半导体修理部”等。

●标明消费对象特色的方法

以标明特定职业的消费者来取名，如靠近港口的餐厅取名“水手餐厅”，高校附近的餐厅取名“金字塔餐厅”等。

命名要投其所好

所谓“投其所好”是指迎合消费者的审美特点，以深受人们喜爱的人或事物的名字来为企业取名。因其投合时人的某种心理，常常会收到非常好的效果。

●迎合怀旧心理的需要

读过鲁迅小说《孔乙己》的人，恐怕谁也忘不了那位潦倒文人孔乙己频频光顾的“咸亨酒店”。于是鲁迅先生的同乡们便按照鲁迅小说中所描写的样子重新开了一家“咸亨酒店”。喜欢鲁迅作品的人们聚集到这里，竞相品尝孔乙己当年下酒的“茴香豆”。

●迎合追潮流心理的需要

当前，社会上流行“出国热”，托福等考试升温。人们戏言“托福托福，托上就是福”。托福的流行价值和吉祥的字面含义被几个硕士毕业生抓住了，他们不失时机，将自己开的一家小饭馆取名为“托福餐厅”。

●迎合求“吉”心理的需要

人们有求吉利的心理，对待商品时也不例外，抓住消费者所喜爱的吉祥意思来命名是创制佳作的一种有效方法。

日本静冈县有一家很小的酒厂，生意一直不景气，老板十分着急。一天老板忽然想到“当选”这个名称并马上进行注册，隆重推出后收到了极好的效果。

●迎合猎奇心理的需要

由于现代人追求新奇，因而取名时突出新奇、个性，常常会起到出奇制胜的效果。

法国的迪奥香水公司给一种新上市的香水命名为“毒药”，据说一上市就受到顾客追捧，仅 3 个月就收回了投资。

巧用数字命名

巧妙利用数字及数字组合也是给公司、店铺命名的思路之一。

●数字命名的优点与长处

利用数字或数字的巧妙组合给公司、店铺命名，优点和长处有很多。主要有：

第一，简便易记。

第二，便于识别。

第三，给人的印象深刻。

第四，可以表达某种寓意（例如“888 餐馆”这个名称，就有“发发发”的巧妙寓意）。

第五，便于流传。巧妙的数字组合，读起来响亮、清晰、干脆利索，所以用数字命名的店名，流传起来很方便、迅速。

●数字命名的思路与方法

数字命名的基本方法与思路，包括以下两种：

一是以单个数字结合其他字来命名，例如“一剪梅”“四通”等。

二是以三个常用数字命名，例如“505 药业有限公司”“章光 101”等。

善选角度择名

选择的命名角度不同，有不同的命名方法。

●如何从顾客的角度命名

传统的企业、店铺命名方式，大多是从经营者的角度出发的，即根据经营者的需要，选择其喜欢的名字。

这种命名方式，现在已经被很多人放弃了。因为它虽然能满足、适合经营者的需要，但并不一定能满足、适合顾客的需要，甚至会使顾客产生反感。

例如，“万利商行”“有财商店”等，往往给人以“奸商”的印象。

如今，从顾客的角度去命名已经成为众多商家首选的命名思路。这样的命名思路，要求企业、店铺命名应符合顾客的需要，使顾客产生好感，得到某种心理满足。

例如，“及时雨典当行”“宴宾饭店”“便民商店”“利民商店”等。

●如何从经营者的角度命名

从经营者的角度去命名最常用的就是以自己的姓名作为

企业、店铺的名称或商标的名称。例如，日本松下公司、美国福特公司等都是以经营者的名字来命名的。

还有用经营者的姓名为商标命名的问题。以自己的姓名作商标，常常是出于商标所有人及其继任者对自己产品的自豪和自信。

中外都有以自己的姓名作商标的例子，如“王麻子剪刀”和“John Deere”（约翰迪尔）。

以姓名注册的商标，常会受到一定的限制，例如商标注册人不得阻止相同姓名的人在其商品上使用其姓名。当然，对于像“ROLEX”那样显著的商标，发生这种纠纷不难通过另外的途径解决。

对于常用的姓氏名称，一般国家规定不能注册为商标。英国的规定是，如果姓氏名称在当年的伦敦电话簿上出现 15 处以下，便可以在注册簿 A 部注册；如出现 15 至 30 处，则可以在 B 部注册；如出现 30 处以上，就不能注册。

有许多单词在语意上是多义的，例如“Swan”（天鹅）、“Snow”（雪）、“White”（白）、“Black”（黑）、“Forward”（前进）等都各有其含义，但它们又都是姓氏名称。以这些词作商标申请注册时，有时会遇到一些麻烦。例如上海轻工业品进出口有限公司当年在英国申请注册“FOR—WARD”胶鞋商标时，就曾遇到困难，幸亏在查阅当年的伦敦电话簿后，仅发现 29 个“FOR—WARD”，商标才勉强得以在 B 部注册。

●如何从产品和服务的角度命名

从产品的角度去命名，常用的方法是突出自己产品的特性。

如“微软”公司等就是从产品的角度为公司命名的。

对于那些专门从事服务业的公司来说，完全可以表明自己服务的特点，以此作为店名。

提供通信业务的“联通公司”“万声公司”，以及取名为“蚂蚁搬家”“移山”的搬家公司等，都是以自己提供给顾客的服务所具备的特点，来为企业、店铺命名的。

●如何从产地的角度命名

这种命名思路，通常适用于那些经营土特产品的商家，或是经营某种具有独特风味的餐馆等。

烧烤店可以起名为“内蒙烧烤屋”“新疆烤串店”，以此来表明自己提供给顾客的是原汁原味的“正宗”产品。

“韩国料理”“日本料理”等餐厅也可按照这一思路来命名。

从产地的角度去命名，应注意所使用的产地最好是广为人知的著名产地。假如是名不见经传的小地方，恐怕难以起到很好的作用。

●如何从目标市场的角度命名

商家在目标市场进行定位后，就可以从目标市场的角度来命名。

美国旧金山华人区，有一家餐厅名叫“乡音阁”，生意十分兴隆。这里的客人多是长年漂泊海外的华人，他们多有一种思乡之情。工作之余找同乡一聚，以慰思乡之情，乡音阁便成了他们最好的去处。

这一事例提醒商家：虽然一家店铺的兴衰主要在于店铺的产品和服务，但是一个好的名字，其作用也是巨大的。

一个好的店铺名称必须适合其目标顾客的心理需求，符合该店铺的经营宗旨和情调，这样才能为店铺树立美好的形象，从而增强对顾客的吸引力。

●如何从文化的角度命名

商家在给自己的企业、店铺命名时，如果能够加入特定的文化成分，使名称具有一定的文化内涵，不仅可以提高自己的档次和品位，而且能引起更多顾客的注意。

例如，“荣宝斋”就是典型的一例。这个名字，十足体现了中国传统文化的特点。

●如何从竞争的角度命名

前面谈到，店名是市场竞争的无声武器。如果店名起得好，就能增加自己的竞争优势。

“半点利商店”就是从与“一点利商店”相互竞争的角度来命名的。

使用这种命名方式，最重要的是要认清竞争对手的命名特点，然后针对这一特点，起一个比它更好的名字，进而击败对手。

●最佳命名来自于多种思路的最佳组合

从前面的论述中可以看出，商业命名的方式和思路是多种多样的。

其中，每一种思路都是既有优点又有缺点的。因此，要想得到最佳名称，最好能够综合考虑各种思路，取长补短，互相参照。

在命名时考虑的因素越多，思路越广，所取的名字就越能发挥作用。

这里有一个非常知名的例子：

江苏红豆集团几十年前靠租用一个旧祠堂的8台棉纺机械起家，如今经济总量503.1亿元，居中国民营企业500强第62位。成功的秘诀是什么？用周耀庭（现为红豆集团董事局主席）的话说：“这得益于红豆的商标文化！”

红豆，取名于“红豆生南国，春来发几枝。愿君多采撷，此物最相思”。所以“红豆”产品刚一问世，立即就以其丰富的文化内涵吸引了广大消费者。老年人把“红豆”衣视为吉祥物，青年人以给情侣送“红豆”衣为时尚，知识分子想到王维的《相思》诗激发购买欲，侨胞以“红豆”衣寄托思乡之情。

“红豆”品牌的成功，无疑得益于其在命名时综合考虑了多种因素，包括顾客的角度、行业的角度和文化的角度等。

5

商业命名的七字要诀

商业命名具有很强的技巧性和艺术性。因而必须把握诀窍，才能确保在这方面做得更出色。

以下提出的“新、奇、特、雅、适、响、活”这七个字，就是命名者必须掌握的命名要诀。

深入理解和把握这七字要诀，并将其运用到具体的商业命名活动中去，可以收到“立竿见影、事半功倍”的良好效果。

新：标新立异命名

除了那些经营古董、中药等传统产品的老字号外，对于其他的经营者来说，在给店铺命名时，都应该标新立异，追逐新潮，赶上时代发展的潮流。

“求新”是人们的普遍心理，年轻的消费者在购物时也有类似的偏好。他们对于名字新颖的店铺，都会有去逛逛的念头。

经营者在命名时，如果做到标新立异，或许就能取得“后来居上”的效果。

这一要诀，对于从事服务业的店家来说，尤应牢牢把握。

前文提过“发廊”作为名字，已显陈旧。“新潮”的有叫“发裁轩”“编制铺”“发新社”“高等发院”的，这些做“顶上功夫”的理发师，取的店名既有趣，又贴切。

从上述命名方法中不难悟出，标新立异、追求新潮，的确是商业命名的一种诀窍。

对于顾客来说，无非是想追求新感觉，希望得到更好的服务，买到更潮流的产品。因此，如在取名时从“新”入手，在“新”字上做文章，就能吸引越来越多的顾客。

奇：妙设悬念命名

生活在当今社会中，可能都有这样的感觉：以往店铺所在何处便叫“某某街饭店”“某某路商店”，实在太平淡常见了。

商业竞争当中，各商家各出奇谋，千帆竞渡，无不想更好地吸引顾客的注意力，招徕更多的买主。如今的商业战火已经燃烧到了“牌匾”上，店名正式步入“战国时代”。

所以，在“奇”字上下功夫已经成为不少商家都在使用的一个命名诀窍。

知名互联网公司创始人杨致远为自己的公司所起的“Yahoo！”（雅虎），可以说是一个成功的例子。

Yahoo，是《格列佛游记》中格列佛遇到的一群野人的名字，杨致远在“Yahoo”后面加上了一个叹号，以强调发现“野人”时的吃惊情状。

当杨致远把“Yahoo！”注册为网络名称时，访问者迅速增加。可以说，这很大程度上是由于人们对“Yahoo！”这个名字感到好奇。

“好奇心”恰恰为“Yahoo！”公司提供了难得的商机，也使杨致远迅速成长为年轻的超级富豪。

不过，尽管以“奇”取胜是商业命名的诀窍之一，但不同的人在求奇时由于想法不一，因此在具体运用时也会出现不同的情况。

有些名字取得太荒唐怪诞，虽能招徕“上帝”，但却不能长久有效。

有的店主尽管煞费苦心，也无法取别出心裁的店名，就开始命名一些云山雾罩的名字，顾左右而言他。

比如，水饺店叫“天晓得”，专营火锅的店是“羊先生”，一家小里弄的杂货店，干脆就取名为“麻雀虽小”。

就连收费公厕也不甘寂寞，把个“轻松山房”挂在墙上。

还有家店取名叫“金刚经”，人们本想进屋让经典古籍沐浴一番，推门而入后，却发现原来是酒家。

像以上这些以“奇”取胜的命名方法，就显得有些过头了，再往前走一步，则会招致不良后果。因而，必须引起经营者的注意。

然而，这些做法还不是最糟糕的，有些“玩世不恭”的命名方法，就更加让人感到心惊肉跳、不敢问津了。

比如，“马大哈”饭店，我敢吃不敢吃？“非我也”照相馆，你敢照不敢照？

可以肯定地说，像这类片面求奇求怪的命名方法，不仅无法“取胜”，而且只能以“求败”而告终。

特：独此一家命名

在进行商业命名时，表现出自己的独特性也是一个常用的诀窍。在企业、店铺走向市场的过程中，在商品流向市场的销售中，独特的名字能给商家带来很大的帮助。

这从不少实例中，都可以得到验证。

浙江余杭红星五金厂生产的“红星牌”抽油烟机的质量很不错，多次获奖，广告又做了不少，却收效甚微，后来找到了原因：“红星”商标太多了，难以留下独特印象。于是，厂家大胆申请注册了“老板”商标，随后，每年产量都以翻一番的速度增长，收到了意想不到的效果。“老板”商标价值已达 2 亿元。

杭州娃哈哈食品集团公司在创业初期，曾向社会广泛征集产品名称，然后组织专家对数百个应征名称进行了市场学、心理学、传播学、社会学、语言学等各方面的研究论证，最终才定名为“娃哈哈”。今日“娃哈哈”之所以妇孺皆知，与别出心裁又能赢得消费者好感的名称有直接的关系。

所以，给产品命名，既要体现产品性质，又要具有独特个性；既要赋予产品名称以深刻的寓意和丰富的内涵，又要避免雷同，易读易记，叫得响，使消费者一听其名便留下印象并引发联想，引发起他们的购买欲，让品牌在琳琅满目的商品世界里一“名”惊人。

总之，只要经营者能够在商业命名中体现出自己的独特性，给人以“独此一家，别无分号”的感觉，就能成功地走向市场。

雅：以雅取胜命名

你方唱罢我登场的招牌“舞台”上，到底有多少名称不会昙花一现，又有多少真正能够符合命名哲学中的“名正言顺”，能如“全聚德”“狗不理”等老字号一样年久味更浓、经久不衰呢？

北京的“同仁堂”“鸿宾楼”“都一处”“六必居”等老字号，叫了数百年，四海闻名，究其原因，最重要的就是这些店名在语言上体现了言简意赅、不落俗套的特点。

在给企业、店铺等起名时，围绕着一个“雅”字来思考，是一个很好的窍门。

正因如此，一些较有文化底蕴的商家纷纷给自己起个倍儿雅致的店名，如“寻梦园”“今来雨轩”“塑海楼”等等。

像“三味书屋”，使人误以为时光倒流，如身处百草园。

此中，自然不乏引经据典者，“功德林素菜馆”就取自“功德无量”，“霓裳服饰”喻意“云蒸霞蔚、雨沛裳新”。

还有人把店名取为“星辰”“望友”“知音”的，也使人感觉清新、雅致、有品位。

由于人们在消费时所看重的不仅仅是物质上的满足，更想获得精神、心理的满足，也愿意显得自己有品位、素质高，所以，雅致的店名通常都能引来不少顾客，生意相当红火。

适：中和适度命名

商家很重视命名的“吸金能力”，在命名时参考公关学、心理学、社会学，现炒现卖，店名也由显山露水式、直来直去式演绎成现在的启发式、宣言式、夸夸其谈式和云山雾罩式。

在众多的命名技巧中，个别商家特别钟情于夸夸其谈式的起名法。殊不知，这种做法如今已经引起人们的反感，效果很不好。

“超级”企业风云乍起的时候，“某某环球总公司”“某某宇宙集团”之类的企业名称也曾风光一时。后来“狼”来得多了，百姓就把这类名称的企业称为“某某皮包公司”，可见“名字”的牛皮吹破了，也会“泰极否来”。这种做法是极不可取的，奉劝各位经营者应竭力避免之。

事实证明，抛弃片面求大、求高的命名方法，而用“中和适度，稳健可靠”的方法取而代之，最容易产生正面效果。

响：响亮醒目命名

一个好的名称，应该是看起来醒目、读起来铿锵有力、听起来干脆利落，易懂易记。

例如，在高科技领域闻名遐迩的“方正”“联想”等企业，其名称就属于此类。

但是，在这方面同样不能走极端。

这里有一个失败的例子可供借鉴：

据报道，上海多年前曾出现一种名叫“美国导弹”的冷饮产品，一推上市场，即遭到冷遇，从此在市场消失。

一个好产品终因没有一个好名字而未能打开市场，不得不说令人遗憾。

但是，“美国导弹”饮品的失败，则在告诫人们：在商业命名中一味求大、求响亮，而忽视其他方面也是绝对无法获得成功的。

活：破规灵活命名

“活”是一个很重要的诀窍。所谓商业命名中的“活”，是指在命名时应保持开阔的思路、活跃的思维，古今中外的各种命名思路都可以拿来使用。

以餐馆的命名为例。

比如，“太白酒楼”“陆羽茶店”这些以历史名人命名的方法，代表和反映了该店经营久远的历史性和丰富的经营经验，能让顾客对其产生敬意和兴趣感，从而吸引客人光顾。

又如“老三届酒家”，则是以一个特定名词起名，反映了该店的主要特色，即以情怀吸引经历过这段历史的客人。

有的店名，还带有很强的幽默感，比如叫“胖可来”“哈哈笑”等。

在商业命名中讲究“活”的诀窍，当然也可以使用洋名。但这种做法也有令人担忧之处。

1993年，不少人心浮气躁，但凡能和洋字儿有点关联的，别管拐多少弯，都嚷嚷着“我们要与国际接轨”。众声鼎沸中，店主们显得格外神机妙算、未卜先知。

“夜巴黎”“美利坚”“欧尼吧”“卡丹星”“雅妮柔”“贝丹德”等名字就颇让人费解，也常常令人啼笑皆非。

似乎这难以都归入挂羊头卖狗肉之类，倒是贴个洋商号、洋商标能让顾客有新奇感，使生意变好一些。

利用洋名也是一种比较可行的方法，是“活”的体现。但在运用时，要把握住分寸，不让顾客产生逆反心理为好。

6

商业命名的忌讳

无论做什么事，都会存在一些必须避免的忌讳，进行商业命名活动同样如此。

很多企业、店铺、商品、商标等的名字之所以起得不好，无法发挥作用，甚至起了反作用，原因也许在于犯了商业命名的忌讳。

了解这些忌讳，认清这些忌讳的害处，就能避免在进行商业命名时犯不必要的错误，增强命名的科学性、实用性、有效性。

忌用冷僻字命名

要让别人记住你的名字，首先要让别人认识你的名字。以冷僻字、不规范字或多笔画字取名，容易影响名字的传播。

所谓冷僻字就是那些使用范围极为有限，人们不常见或不熟悉的汉字，如“谶”（chèn）、“麇”（jūn）等。所谓不规范字主要是指繁体字和异体字，如“觧”等。多笔画字就是指字的笔画较多、难写难认的字，如“骧”等。用冷僻字、不规范字、多笔画字取名都会给他人的辨认带来麻烦，从而给企业的经营和产品销售带来麻烦。

商标名称是方便消费者呼叫辨别的，更应考虑到用字的大众化的问题。

如河南某机械厂将农用机动三轮车、农用机动四轮车等产品的商标取名为“神”，而江苏的某大豆蛋白粉厂则将大豆蛋白粉、速溶豆乳等产品的商标取名为“茗箜凤”。这样的商标会给顾客的记忆、传播带来难度，也难以帮助商品在市场上的销售。

有些人之所以使用冷僻字取名，是以为能否取出好名字关键在于能否选到一个独特字。所以，一提起取名，首先想到的便是去翻《康熙字典》。殊不知，实际情况则恰好相反，好的名字正像好的文章一样，是在平淡中见神奇，而不是靠用冷僻字、不规范字和多笔画字。“四通”“方正”“金利来”“康师傅”这些悦耳动听的名字，哪一个不是常用字？

忌用多音字命名

取名用多音字会给人们的呼叫带来很大的不便，寓意本身就不够明朗。以多音字取名，名字有两个或更多的发音时就更容易让人感到无所适从。例如乐海餐馆，其中的“乐”有三读，一读“lè”，一读“yùe”，一读“lào”，使人不知读什么音更好。下面这些字都有两读，如省（shěng，xǐng）、重（chóng，zhòng）、茜（qiàn，xī）、朝（cháo，zhāo）等。当然并不是说取名绝对不能用多音字，但至少要保证别人能够确定其读音，不至于读错。

忌字义不吉命名

含义不吉利是取名字的一大忌，因为它不但让名字的主人产生不好的联想，更重要的是它会影响到别人对名字主人的接受，不论主人是一个人、一个企业，还是一件商品。

1987年2月18日《参考消息》转载了一条题为《为讨吉利，港督正名》的消息：当时的港府和伦敦方面同时宣布，香港第27任总督魏爵士改名为“卫奕信”，他会在4月9日下午抵港履新。在情人节即满52岁的新港督根据普通话读音的译名“魏德巍”被不少港人批评改错名，“魏”与“巍”双鬼出格，“魏”谐音“危”，象征不吉利等。新港督于是根据港府提供的意见，决定采纳改名建议。而港府发言人解释采用上述新名字，主要是粤语发音与他的英文名字更为接近。而“卫奕信”这个名字代表了信任与保卫，而“奕”又指神采奕奕。名字不吉居然关系到人们对一个官员的接受与否，可见影响之大。

对于企业和商品来说，一个不吉利的名字则意味着它将失去大量的生意。据说在香港曾爆发过一场“白兰地”和“威士忌”的销售大战。结果白兰地售出350万瓶，威士忌却只售出17.5万瓶，只相当于白兰地的1/20。经调查分析，问题出在“威士忌”这个中文名上。“威士忌”连威士都忌怕，谁还愿买？而再看看“白兰地”，一个多么充满诗情画意、令人喜爱的名字。从这个例子中我们可以看出，人们在购买物品时，其实不是单纯地购物，还有一个看不见的东西，这就是心理感受。

忌寓意隐晦命名

“寓意隐晦”就是指命名的词义过于深奥，别人看不懂。

企业、商标名称具有标明企业性质、暗示产品功能等作用，要求有较强的可读性。如浙江省兰溪市有家起名馆，他们先给自己起了个寓意颇深的名字——“叱石成羊起名馆”。可是牌子挂出后，别人都不懂，店主连忙在店名招牌旁又挂上了“兰溪市企业文化服务社”的牌子。何谓“叱石成羊”呢？据古书《神仙传》记载：古时传说黄初平牧羊遇道士引至金华山石室中。其兄初起寻之，但见有白石块。初平叱之，石皆成羊。《辞海》中解释“叱石成羊”含“点石成金”之意。原本一个面对公众服务的小店，其名字居然蕴含这么深奥的典故，难怪人们都不懂。同是起名馆，“酿名斋”和“正名庐”就通俗而令人回味，店名本身就是一则极好的广告。

忌雷同仿冒命名

企业名称是企业间相互区别的特定标志，寓意好的名字大家都争相使用。同时也有一些企业通过取近似著名企业名称的名字，使消费者产生误解，以此来扩大自己的影响。北京四通集团1986年核准登记后，随着知名度的提高，全国套用“四通”的公司很多。天津“狗不理”有一百多年历史，现在全国冒牌的“狗不理”至少有200家。在我国，以“长城”“熊猫”“华商”“华夏”“科海”等命名的商家也不计其数，于是名称官司接踵而来。

商品的品牌与商标文字要与同类商品有较显著的区别，这样才能起到容易辨别的标志作用。品牌与商标文字的特征愈显著，其作用就愈能得到充分发挥。如果标志性不强，商品之间的品牌与商标容易混淆，就有碍商品广告宣传和推销。一般来说，缺乏标志性的品牌与商标，主要有以下几种情况：一是不同企业生产的同类产品，使用同一名称，如几家烟厂生产的香烟都叫“大前门”，且使用同一商标图案。二是不同类产品使用同一名称或近似商标，如“熊猫”收录机、“熊猫”牌洗衣粉、“熊猫”牌雨伞等。三是虽文字不同，但发音相近、含义相同的名称，如“三羊”牌和“山羊”牌、“飞燕”牌与“飞雁”牌、“555”牌与“三五”牌、“双菱”牌与“双棱”牌。四是虽发音、含义不同，但外观近似的名称，如“天民”牌与“大民”牌、“金凤”牌与“金风”牌等。

商业的名称是申请注册必须具备的显著特征，要避免：一是本行业通用的名称。二是地理名称。根据国际惯例，许多国家和地区禁止使用地理名称作为商业命名。因为地理名称只能说明商品产地，不能区别不同的商品生产者与经营者。如北京第二制药厂的商标标志取名为“北晶”，而不是叫“北京”。三是表示商品质量、主要原料、功能、用途等特点的文字，如“羊绒”牌毛线、“金质”牌钢笔等等，容易造成同类商品的雷同与近似。

忌违反法律命名

商标的名称是商品的文字商标的基础，是文图组合商标的重要组成部分。

创作与制作商标名称要严肃，首先要符合我国《商标法》和国际商标法的有关规定。如禁止使用与国家名称、国际组织名称相同或相近的词语作商标，禁止使用带有民族歧视性的、夸大宣传并带有欺骗性的词句作商标。

其次，要符合社会文明要求，不能采用那些庸俗、淫秽以及与社会道德背道而驰的词名作为商品的品牌。

忌随意多变命名

命名要稳定，一经注册使用后，不宜随意更改。

商业命名的名称经过注册后，又经广告的反复宣传，为大众所熟悉，久而久之，就会在社会上产生影响。厂家就可以利用有声望的商标提高广告宣传效果，促进商品的推销。

我国有一些沿用历史命名的著名商标，如“唐三彩”彩陶艺术品商标、我国酒类的著名商标“杜康”都有很强的号召力。美国碳酸饮料“可口可乐”，创立于 1886 年，至今仍享有盛誉。根据 2015 年的福布斯排名，“可口可乐”品牌价值被估计为 840 亿美元。有人认为，即使公司被大火烧为废墟，世界上任何一家银行都愿意为它提供贷款，原因就在于“可口可乐”这个名称代表着滚滚而来的财源。

这既说明企业品牌声誉的重要性，也表明商标名称必须保持稳定，才能发挥出更大的作用。

忌不顾消费者心理命名

在为商品命名时，要考虑不同消费者的心理需要。借助于人们喜爱的动植物形象或意象给商品命名，既有美好的寓意，也贴合了消费者其他爱好等。这种命名方法往往效果甚佳。如我国首批十大驰名商标中，“凤凰”牌自行车用羽毛艳丽、象征祥瑞的“百鸟之王”来比喻外形精美、骑坐轻巧的自行车。“霞飞”牌化妆品引王勃《滕王阁序》“落霞与孤鹜齐飞”的名句，寓含使用该化妆品可使人永葆青春、神采飞扬的意义，给人以高雅华贵的美感。

反之，如果命名随意而罔顾消费者的心理，则对企业经营不利。如山东省有一种出口的花生罐头，定名为“飞轮”牌，很多外国人大为不解：你们的食品罐头为什么用“飞轮”牌做商标呢？“飞轮”牌应该用于工业产品上。“飞轮”这种形象与花生罐头确无形象、品质和特点上的联系。

忌晦气丑恶命名

用美好的祝愿的词句来命名能将商品优良的性能与消费者美好的愿望结合在一起，使消费者产生愉快和幸福的情感，如百岁酒、长寿生日蛋糕、口来福乳精等。

相反，如果商品的命名，在某一方面隐含着某种不吉祥或品位不佳之意，则会引起消费者心里的不快，导致埋没该产品真实的优良质地。如云南有一种“杂果酒”，是用杏子、菠萝、石榴、山楂等多种果汁酿成的我国少有的多果质果酒。这种酒质地优良，营养丰富，早在新中国成立前就已享誉云南。但就因为“杂果”二字，使人误认为此酒用的材料是杂七杂八的残次果品，在历次评比会上，评委都不愿品尝它，蒙受了多年的“不白之冤”。“杂果”二字，造成了企业产品积压，影响生产发展。1984年，厂家根据北京专家建议，将“杂果酒”更名为“六果液”。

这样一改，既切合酒的实质，又给人新的良好印象。终于，1985年六果液荣获商业部优质产品“银爵”奖；1989年，又获商业部优质产品“金爵”奖。1992年，六果液在巴黎国际食品博览会上荣获金奖。

忌谐音欠妥命名

为了给人们留下难忘的印象，使消费者易于认牌选购，要保证商品名称的易懂易记。如表明产品原料的“五粮液”白酒，揭示产品质量的“永久”牌自行车等莫不如此。此外如英国的“555”香烟、“大重九（99）”香烟等，商家用阿拉伯数字为产品命名，因为数字具有易记难忘的优点。

为使人们易懂易记、深刻难忘，人们常用谐音的方法给商品命名。如“劲雕”牌起重机的商标，其图案是一个强劲的大雕，看起来犹如“轻轻起吊”，极贴切地暗示了产品质量上乘。“蜜蜂”牌保险箱，“蜜蜂”谐音“密封”，婉转地揭示产品的性能。“佳客”牌服装，既点明“夹克”衫，又表示了对穿用者热忱欢迎。美国有一家眼镜厂以三个英文字母“OIC”为商标，构图仿佛一副眼镜，已属别出心裁；若将三个字母连读，就是“Oh，I see”（哦，我看见了！）的谐音，正好风趣地点出了眼镜能增进视力的功能。

但有些商业命名由于忽视了谐音可能会引起不佳联想，从而减弱了宣传效能。这主要出现在一些对外出口的商品上。如美国通用汽车公司的“诺伐”牌汽车，它在西班牙滞销的原因是，西班牙语中“诺伐”意为“不能走动”，这种汽车当然难以招徕买主了；又如“三羊”牌闹钟，“三羊”与“山羊”在汉语里音近，而“山羊”在英国被认为是“不正经的男子”。

7

如何把商业命名的效用发挥到最大值

对于任何一位经营者来说，企业、店铺和品牌、产品商标的名字都很重要。但也必须看到，名字并非万能，也不可能“包治百病”。也就是说，仅仅依靠好名字，而在其他方面做得拙劣，也是无法取得经营的成功的。

名字的效用能否真正、充分地发挥出来，还需要视其他因素能否很好地与之配合而定。

下面将阐述把商业命名与其他经营要素有机结合起来的途径与方法，这可以供经营者学习、领会，并将其运用到实际的经营活动之中去，进而产生最佳的经营效果。

命名方法 1：注重店名与经营力的有机结合

能够给自己的企业、店铺、产品、商标起一个好名字，无疑对吸引顾客、扩大销售有很好的作用。

但是，这种作用却并不是无限的、长久的。

经营的成功与否，绝不是仅仅凭借店名就可以决定的。店名能够为经营者提供一个走向成功的便利，但能否走向更大的、持久的成功，还取决于经营者自身的能力。

如果经营者的能力强、水平高，不仅可以更好地发挥店名的作用，还能使店名变得越来越响亮，不断强化人们对店名的认识和记忆。

因此，好店名与经营能力是相辅相成、相互促进的关系，只有两者兼顾，才能达到相得益彰的效果。

所谓经营能力，包含多方面的内容，比如决断力、执行力、人品声望、先见性、责任感、创造力、判断力、视野的宽广度等。

要获得这些方面的能力，要求经营者善于学习，善于总结经验，发挥经营技巧，坚持不懈地付出心血和汗水。

命名方法 2：注重名称与质量有机配合

商家所生产或销售产品的质量好坏，对其经营活动的影响是很大的。

如果产品质量上乘，无疑会增加顾客对店名的好感，让他们牢固地记住店名，并到该店重复购买。

反之，如果商家的产品不是次品就是假冒伪劣产品，那么，再好的店名也不会让人产生好感。

为了提高自己产品的质量，商家应在下述方面进行努力：

一是要全面、系统地了解目标市场对质量的具体要求；

二是要透彻了解市场对本企业产品要求的关键性能和功能所在；

三是要了解本企业的质量优势如何、问题何在、评价如何；

四是知道竞争对手产品的质量优势何在，对用户的影响如何。

只有对上述问题准确了解后，才能真正把握市场对质量的要求，并在提高质量上不断前进。

命名方法 3：注重名称与完善服务有机结合

除了商品的质量外，服务水平的高低对店名作用的发挥程度也有所影响。

综观那些知名度高的企业，它们成功的一大经验，就是十分重视服务，力求在服务上做得更出色，更与众不同。

例如，IBM 公司的企业精神是：IBM 就是服务。

正因如此，它的名声才会越来越好、越来越响。

做足服务，打好服务牌，是充分发挥店名作用的必备条件之一。这就要求经营者既要做好销售中每一环节的服务，也要从服务态度、服务技巧等方面不断提高自己，争取为顾客提供更优质、高效的服务，从而不断增加顾客对本企业的好感。

命名方法 4：注重品名与包装美化有机结合

包装，是指装载产品的容器和外部的包裹、捆扎，是为了使用、贮存、运输和销售产品所准备的整体产品设计中的一个不可缺少的重要组成部分。

与名称一样，包装也具有吸引顾客和推销的功能。在琳琅满目的柜台上，商品名称和外观包装都是吸引顾客注意力的重要因素。

商品的包装应该美观大方，易于让人接受。合适和好的商品名称有机结合起来，两者才能发挥更大的作用。

这就要求经营者在设计包装时，必须从形状、大小、样式、文字图案以及材料等方面着手，设计出符合商品特点、与商品的名称相匹配的包装。

如能做到这一点，同样有利于把名号的效用发挥到最大值。

命名方法 5：注重名字与定价有机结合

商品的价格对其销售具有至关重要的影响。

一般说来，在质量、性能、服务等条件不变的情况下，巧妙定价是促使顾客购买的决定因素。

所以说，当经营者利用自己的好名字吸引住顾客的目光后，还应当在定价上巧妙决策，注意把价格定得适中，以促使顾客在价钱优惠的刺激下，做出现实的购买行为。

有些经营者往往不注意这一点，认为高价反而能够扩大销售额。这实在是一种误解。

君不见，如今众多的高级饭店都纷纷放下架子，打折销售。其目的无非是吸引更多的顾客上门尝试他们的优质服务。

由此可见，大众化永远是市场的主流，把价格定得巧妙些、易于让顾客接受，是非常重要的。

命名方法 6：注重发挥名字的广告效应

一个好名字，本身就是一个非常吸引人的“广告”。

但是，名字的这种广告效应能否被充分地发挥出来，还要看经营者是否善于利用。

要想发挥名字的广告效应，主要应做好两方面的工作。

第一，在做商业广告时，应突出企业、店铺、商品、商标的名字，加深人们对名字的记忆。

有的经营者在做广告时，往往只注重渲染气氛、制造场面，却没有突出强调自己的名字。这种做法，当然无法充分发挥名字的广告效应。

第二，注意商业名称在招牌上的视觉效果，在招牌上书写店名或商品、商标名时，要大而醒目，要让路过的人远远就能看见，招牌晚上要有灯光照明。要从各个方向观察，还要在晚上观察，黑暗中能否清楚地见到招牌。

只有这样，商家才能通过名称、广告等吸引更多人的目光，并使一些潜在顾客也能认知。

命名方法 7：注重发挥名字的口碑宣传效应

所谓“口碑”，就是指人们的普遍“看法”。也可以把它称作“名誉”“声望”。

一家企业可以拥有一个“好名字”，而好名字的正面继续作用则是通过企业提供的优质产品、良好服务形成的“口碑”。

“口碑”的好坏，很大部分取决于顾客所持有的“看法”的好坏。

如果大家都认为企业的产品、服务态度等的确不错的话，会告诉身边的人，这就无疑为店铺做了“活广告”，而且这种广告也不用花费，效果也很好。

如果店铺坏了口碑，其名声就会越来越不好，好名字会变成人人厌恶的坏名字。

经营者们应不断努力，想方设法地使自己的店铺在群众当中有一个人人都称赞的好“口碑”。这样的话，好店名就会成为有力的宣传工具，更好地发挥作用。

命名方法 8：好店名与好选址相结合

企业、店铺所处的地理位置优势，也是影响其销售额的重要因素之一。

尤其对于那些规模较小的企业、店铺来说，地理位置的作用特别明显。

只拥有好店名，而所处的地理位置却十分偏僻，恐怕前来光顾的客人也很有限。

如果选择了好的地理位置，把好店名与好的地理位置结合起来，那么经营成功的希望就会大大增加。

一定要克服这样一种偏见，认为只要拥有好店名，就可以不必考虑地理位置的选择了。

俗话说，红花还需绿叶扶。如果没有好的地理位置这片“绿叶”，那么好店名这朵“红花”无论有多好，也不容易被人发现，其作用便会大打折扣，甚至黯然失色。

品牌商标命名

PINPAI SHANGBIAO MINGMING

1

我国品牌商标命名漫谈

在现代市场营销观念中，品牌和商标是企业营销整体的重要组成部分。

品牌是一个经济名词，商标是一个法律名称。简单地说，品牌就是产品的牌子，是一种名称、标记、符号或者特殊设计，或是它们的某种组合，其目的是辨认区别某个生产经营者或某群生产经营者的产品或服务。品牌包括品牌名称和品牌标识两部分。品牌名称是可以用语言表达的语音部分，品牌标识是用图像表示的可视部分。①

商标则是指商品生产者或经营者为使自己的商品在市场上同其他商品生产者或经营者的商品相区别，而适用于商品或其包装上，由文字、图案或文字和图案的组合所构成的一种标记。

商标只是品牌的一个组成部分，是品牌的标志和名称，便于消费者记忆与识别，而品牌则有着更加丰厚的内涵。如果把品牌比作一座巨大的冰山，商标则只是冰山裸露出水面的一小部分。

商标必须经过法定程序才能取得，以法律为保证，受法律保护；而品牌则是根植于消费者心中，需要市场来加以验证，品牌的价值与市场感召力来源于消费者对品牌的信任、偏好和忠诚。②

好的品牌、商标命名对于卓越的企业和产品而言无异于如

①康薇．多重视角下的品牌命名研究 [D]．华中师范大学，2009.
②溢彩．品牌与商标的区别 [J]．中国果菜，2014. 34(5).

虎添翼，它能大大提高企业和产品的辨识度，还能帮助产品确立在市场竞争中的优越地位。台湾著名的营销学专家洪良浩曾说："品牌或商标是产品的一部分，一个响亮的名字，能吸引无数的消费者，替厂商带来无数的财富"。[①]

品牌、商标的历史可以追溯到遥远的古代社会，而品牌和商标的发展与商业发展密切相关。我国的品牌、商标的命名也随着社会、经济的变化，经历了以下五个阶段。

20世纪初的老字号命名特点

鸦片战争爆发后，欧美商人广泛使用他们的现代营销方法，向中国大量倾销洋货，在一定程度上推动了中国市场的商品生产与交换，启蒙了中国企业的现代品牌意识[②]。

这时期的品牌、商标大多是以商号的形式存在。1904年（清光绪三十年）颁布实施的《钦定大清商律》是中国历史上第一部独立的商事法律。其中规定，"合资有限公司招牌及凡做贸易所出单票图记，均须标明有限公司字样"，而且"公司名号，后设者不得与先设者相同"。至于所用"名号"，"凡商人营业或用本人真名号或另立店号某记某堂名字样均听其便"。在此期间商号实际上起到了品牌、商标的作用。老字号的商号命名的基本形式是三音节结构，双音节结构的比例不大。常见的格式有如下几类：

"双音节专名+通名"，通名大多为行、记、庄、斋、堂、栈等。如：

①刘萍．论商标命名的艺术[J]．应用写作，2000(8)．

②王海忠．中国品牌演进阶段的划分及其公共政策启示[J]．中山大学学报：社会科学版，2015，55(4)．

同仁堂、达仁堂、鉴古堂、志诚堂、志一堂、万盛堂；
元丰号、隆泰号、德顺号、恒兴号、天顺号、大同号、协盛号；
怡和行、广利行、中和行、仁和行、东兴行、兴泰行、同孚行、学泰行、安昌行；
聚美斋、德和斋、裕顺斋、庆福斋；
恒和庄、广和庄、隆茂庄、永泰庄、大和庄、怡昌庄、祥和庄；
恒吉栈、恒利栈、荣丰栈、恒升栈等。

三音节专名，不加通名。如：

福昌溶、义生荣、复隆义、益大茂、恒盛道、裕恒昌、怡顺兴、顺兴隆、同享协、德隆昌、同升和、东来顺、天义顺、瑞蚨祥、瑞林祥、瑞生祥、瑞增祥、谦祥益、益和祥、复盛公、锦泰亨、日升昌、天成亨、蔚盛长、源丰润、义善源、祥永发、锦生蔚、锦生润、大德恒、协成乾、协同庆、宝丰隆、泰和昌、志成信、振承裕等。

“姓氏＋双音节专名”，不加通名。如：

方萃如、杨庆和、裘天保、方九霞、胡庆余、童涵春、蔡同德、冯存仁、马源昌、张兴茂、周和昌、方锦昌、李顺昌、曹兴泰、刘恒源、陈裕顺、赵元富、沈恒顺、陈祥泰、姚裕祥、季裕成、张德兴、唐顺昌、徐万源、刘义兴、王茂春等。

“‘老’或‘新’＋双音节专名”，不加通名。如：

老宝成、老天宝、老同震、老丹凤、老万年、老介福、老九和、老凤祥、新凤祥、新茂和等。

双音节专名，不加通名。如：

裕盛、元裕、元丰、隆盛、公泰、公盛、广和、振源、丰泰、源兴、同益、协丰、协成、恒裕、福源、宏兴、福顺、源泰、隆茂、益丰、达昌、同泰、怡生、恒源等。

上述几类专名的典型特征是意义吉祥。晚清学者朱彭寿曾将自己所见商号中的吉祥字连成一首七律："顺裕兴隆瑞永昌，元亨万利高丰祥。泰和茂盛同乾德，谦告公仁协鼎昌。聚信中通全信义，久恒大美庄安康。新春正合生产广，润发洪源厚福长。"将这56个字归类，可以发现这些含义吉祥的用字在意义上大致可分为；数量众多，如万、广、丰；规模巨大，如元、泰、洪；发展顺利，如亨、和、协；生意兴隆，如隆、昌、茂；事业持久，如长、恒、永；万事顺利，如瑞、祥、福；公平守信，如信、义、仁等等①。这时期的商号命名偏好带有吉祥意义的专名，一般不使用地名作专名，具有无时代性、无地域性、无行业性的特征。由于都采用吉祥字作商号，因而用字高度集中，名称相似的商号多。但也正是这种不重视地域特征的命名方式，使得商家开拓市场少了一些局限。因此，各大商帮纷纷在全国各地建立自己的商号，形成连锁经营。

清末的新式企业命名特点

第二次鸦片战争后，清朝内外交困。一些较为开明的官员主张利用西方先进生产技术富国强兵。于是近现代公司得以兴建，近代工业品牌开始萌芽。此阶段的工业品牌在所有权上以官办为主，产业属性上多属于重工业和军事工业，而与人民群众生活相关的日用消费品则发展迟缓。这个时期企业的品牌、商标的典型特征就是大多数企业、店铺名和商标名合二为一。这时期的商业命名方式与传统上有很大不同，基本格式是："地名 + 专名 + 行业名 + 通名（厂、局或公司）"，专名多为双音节结构。

①邹进文，赵玉勤．儒商法典 [M]．武汉：湖北人民出版社，1999.

这个时期的官办或官督商办企业多以地名作企业名，只注重企业的行业属性和地域特征，不注重企业的产品名称专用权。这些企业从主观上来看，缺乏品牌商标意识，致使企业无专名，也因其弱小，便借助地名以壮大自己的声势；从客观上来看，这些官办或官督商办企业依靠政府的力量垄断某一地区的某一行业，没有竞争对手，因而没有必要使用专名加以区别。

如：苏州洋炮局、汉阳铁厂、上海机器织布局、江南船坞、北洋滦州官矿有限公司、天津机器局、福州船政局、湖北制麻官局、湖北织布官局、湖北纺纱官局、湖北枪炮厂、贵州青溪铁厂、兰州织呢局、唐山细棉土厂、大清邮政官局、广东粤汉铁路有限公司、关内外铁路总局、轮船招商局、电报总局、中国通商银行、江南机器制造总局、湖南水口山铅锌官矿局、大清广东电力有限公司等。**都是以地名代企业名。同时期也有企业使用类似企业专名**，如徐州耀徐玻璃公司、上海龙章机器造纸有限公司、成都乐利造纸有限公司、芜湖益新面粉公司、上海阜丰面粉厂、无锡保兴面粉厂、广西南丹庆云锡矿公司、汉口既济水电有限公司、上海华盛纺织总厂、无锡业勤纱厂、苏州苏纶纺纱厂、安阳广益纺纱公司、北京清河溥利呢革公司等。

据王培[①]统计，1897—1911 年兴办的 78 家官督商办或官商合办的新式企业，命名的典型特征是地名作为企业名称的一部分。其中有 71 家使用了地名，占 93%。有 7 家没有使用地名，但其中 6 家使用的是政府部门名称，也无专名，而仅

①王培．晚清企业纪事 [M]．北京：中国文史出版社，1997.

使用了行业名。严格来说，没有使用地名而只使用专名的只有1家，即“大生纱厂”。这些企业中，只有14家在地名或部门名称外使用了专名，不足20%。在这14家企业中，专名都是双音节结构。

同时期的70家私营新式企业，使用专名的有44家，占65%，比例明显大于官办企业。使用地名也是私营新式企业命名的共同特征，有67家使用了地名，占96%。44家有专名的私营新式企业中有35家的专名是双音节专名，占80%。双音节专名的比例明显增加，三音节比例逐渐减少。传统的三音节结构专名只有9家，如：宝善成、周恒顺、继昌隆、公和永、通久源、永靖祥、森昌正、宏远堂、湘利黔等。值得一提的是，民族意识和民主意识渗透到企业命名中，如：山西保晋矿务公司的“保晋”就是保卫山西矿产之意，是海外山西留学生和各界民众从腐败的清政府和英国的福公司手中拼死争回矿权的产物。湖南湘利黔织布厂的“湘利黔”是有利于湖南的民众之意。该厂创办人禹之谟曾在长沙与谭嗣同等人从事维新变法活动，失败后，一面继续从事反清革命活动，一面办厂，以实业救国。在他被清政府杀害后，其厂名被更改为“湘利乾”。

民国时期的命名特点

20世纪20年代初到抗战前夕，是近现代中国品牌、商标发展的鼎盛时期。

这一时期新旧企业并存，商业命名沿袭了使用吉祥文字的传统。传统老字号进一步发展，命名方面在原专名上另增加单音节专名以示区别，这些单音节专名也都是些吉祥字，如：杨庆和福记、杨庆和发记、裘天保德记、裘天保礼记、方九霞润记、方九霞成记、方九霞新记、老凤祥裕记、凤祥和记、新凤祥德记、老宝成振记、宝成德记等。1925年张耀翔在《心理》杂志发表《商人心理浅测》，他通过电话号码簿统计了北京4947家商业招牌用字，总结出最常见的有19个字：兴、华、和、义、成、顺、丰、天、聚、公、泰、源、祥、盛、恒、昌、大、裕、隆。同时代的陆志韦1928年在《社会学界》发表《南京商业招牌用字》，通过在南京商业繁华地区抄录下来的3227家的6127个字，总结其中使用频率在50次以上的字有30个，它们依次是：兴、祥、泰、源、和、永、昌、大、万、盛、同、复、义、恒、华、福、德、聚、新、丰、春、荣、庆、生、六、裕、茂、隆、森、鑫。其中，“兴”字的使用占所统计字数的11%。而且，通过对比可以发现，北京的19个常用字有17个字也出现在南京的30个字中，“兴”字在两地都名列第一。多用吉祥的文字仍是众多商家追求财富的心理写照。

另一方面，此时欧美的现代营销手段传到中国企业并得到了广泛的应用。中国民族资本主义经济是在半殖民地半封建社会条件下艰难地生长起来的。受西方资本经济的影响，具有现代意义的商标已经明确出现，商标名和企业名分离。虽然其商标策略还比较单一，但已经体现出商品经济的特点。

这时期的商业命名还有一个特点。由于中国民族经济是在外国殖民经济的压迫下成长起来的，因此爱国主义成为民族工业的保护伞，民族资本家以生产国货自豪，号召国人用国货。民族气节成为中国民族企业和企业家发展品牌的动力。这一时期，涌现出很多知名的中国民族品牌。在商标名称上也大打爱国牌，多用“华”“龙”等具有民族特色的语素组成专名，如：中华、华生、华德、华南、华东、乐华、大华、五华、红金龙、白金龙、龙虎、强国等。20世纪20年代，南洋兄弟烟草公司出品的香烟分别将商标命名为：飞机、飞船、飞马、大长城、爱国、红双喜、嘉禾、和平等。南洋兄弟烟草公司通过这些商标名表达了以国货救国的思想。20 世纪 30 年代，天津东亚公司的“抵羊牌”毛线，商标图案为双羊，含“抵制洋货”之意。章华毛绒纺织厂推出名为“九一八”的薄毛哔叽，也是为让国人记住这个悲惨的日子。陈嘉庚将其橡胶制品命名为“钟标”，意为爱国“警钟长鸣”。上海老牌的“嫦娥牌”蚊香就出现“敌将登堂入室矣”的警示性语言，广告上还有“点燃嫦娥蚊香，即可杀灭无遗”的双关语，月中仙子嫦娥也成了升天的象征。这些都体现出强烈的民族意识，是时代的主旋律和最强音。

这时期品牌和商标命名的音节形式多为双音节结构，单音节的亦见。如：三星、双钱、八卦、双妹、双扇、香亚、友啤、宝塔、上海、飞轮、回力、三角、盾、塔等。

从专名的意义看，多使用一些表示新事物的新词语，如：自由、电话、博爱、大亨、时代、双十、银行、精益、领事等。反映出追求时髦、紧跟时代步伐的心态。还有一些使用飞禽走兽的专名，如：金鼠、双鱼、云鹤、野猪、马头、斗鸡、飞豹、双兔、三猫、金鱼、五羊、凤凰、立鹤、蜜蜂、天鹅、鸡鸣、鹤鸣、天马、金牛、金狮、鸵鸟、飞鹤、狐、燕、猫等。扩大了商标命名范围，赋予动物人格化的理想，反映出新时代的新追求。

民国时期半殖民地化的社会状态也使企业命名或品牌、商标命名表现出崇洋的风气，多使用一些欧化的新式词语来命名，如：小香槟、咖啡、金镑、双爱司、爱皮西、亨得利、培罗蒙、亚浦耳、凯司令、亚细亚、弗莱、惠林登、亚布沙林、司麦脱、斯登达、福克斯、伟多利、乐梦斯、米许林、白兰地等[①]。

---

①刘艳雄．晚清湖南商事习惯的变迁 [D]．湖南：湖南师范大学，2008.

还有一些看似汉语名称，但实际上是中文和英文的杂糅，如：精美（Ge-mymy）、伟大（Vita）、康福（Comfort）等。还有直接用英文字母作商标，如：A.B.C、BB等。①

这些商标反映某一阶层消费者的需求，也反映出一些人对舶来品的认识和看法。

建国初期到改革开放前的命名特点

中国经济在经历了多年的战争和动荡之后，急需恢复。国家开始实行计划经济体制，对生活品实施配给制。此时部分民族企业迁移到香港，留在内地的企业则经历了公私合营，被纳入国家计划经济体制，品牌数量锐减。早期保留了原有的老字号，如“胡振兴”“张小泉”“王麻子”等。但作为商品经济产物的商标在计划经济中发生了根本的变化。

到了“文化大革命”期间，国家实行高度集中统一的计划经济体制，企业完全失去经营自主权。这个时期许多知名品牌、老字号品牌都更改了名字，新品牌的命名大多使用革命性或政治意义很强的词汇，因此无显著的区别性特征。如：东风、解放、革命、跃进、红旗、工农兵、东方红、红灯、红棉、红星、红三角、红叶、红光、红鸟、月月红等。品牌、商标命名的范围大大缩小，失去了品牌、商标命名时固有的寓意或积极联想，不再具备名称的区别功能。

另一种常见的命名方式是使用普通词语或地名为品牌、商标名称，如：大桥、幸福、大雁、仙鹤、联合、人民、大地、

---

①谢明．当代商标名称的多元化［J］．扬州大学学报：人文社会科学版，2009，13(3)．

海燕、万里、安全、长城、长江、黄河、泰山、北京、上海等。

当时在广东有“红棉遍地开，珠江到处流，五羊满街跑，熊猫遍地走，三角漫天飞，钻石到处撇，羊城处处见，粤穗眼底收”的说法，可见品牌、商标名称重复的严重程度。还有一种较常见的方式是利用企业的简称或企业所在的地名来命名。

另一方面此时期的品牌、商标意识也明显淡化。在20世纪50年代我国申请注册商标数每年约两三百件，70年代每年也只有两三千件。这和我国同时期企业的数量相比，实在是微不足道。

改革开放以来的命名特点

改革开放以后，我国的经济建设发生了深刻的变化，商标的命名也体现出与此前完全不同的特色。改革开放之初，国外品牌进入中国市场，本地企业引入外资，兴办各类中外合资企业，中国企业界的品牌、商标意识觉醒。这一时期的品牌、商标命名体现出明显的中西合璧的特色。一种是由合作双方名称组成的双音节结构形式，如：沙松（沙市和日本松下）、福达（福建和美国柯达）、华日（中国和日本）、福日（福建和日本）、华意（中国和意大利）。另一种是由合作双方名称组成的多音节结构，如：琴岛利勃海尔、新乡飞利浦、五洲阿里斯顿、长岭阿里斯顿、北冰洋阿里斯顿、美菱阿里斯顿、江西五十铃等。20世纪90年代以后，中国加大了经济发展和改革开放的力度，正式确立了市场经济体制。企业更注重品牌商标的民族特色，纷纷甩掉欧式的借词，用传统的双音节形式来命名，上述多音节的商标也改名为：海尔、新飞、五洲、长岭、北冰洋、美菱、江铃等。

这一时期的品牌、商标命名除注重形式外，也注重命名的文化性，挖掘名称的文化内涵。表现为出现了一股复古潮流，“老字号”重新焕发光彩，以其悠久历史作为商品竞争的重要砝码，如：同仁堂、九芝堂、盛锡福、恒源祥、张小泉、王麻子、万兴源、吴裕泰、老正和、冠生园、五芳斋、正章、益鑫泰等。另一种注重品牌、商标名称文化性的表现是利用中国传统的通俗文化，创造口语化品牌、商标名称，如红太阳、老三届、喜临门、娃哈哈、福满多、老干妈、阿香婆等，以俗为雅，以奇取胜，投消费市场之所好。

品牌、商标名称追求吉祥富贵寓意的传统在当代仍有相当的表现。

1992 年中共十四大明确提出我国经济体制改革的目标是建立社会主义市场经济体制，中国改革开放和现代化建设进入一个新的发展阶段。品牌、商标也体现出应有的时代特性，大量具有创造性的新词语出现在命名中。如：

嘉华、科迪、仕奇、潘婷、帅康、蚬华、实达、可蒙、时风、美乐、汇源、快克、博康、海信、金正、雅嘉、康佳、新科、格力、红牛、蜜丽、飘柔、茹梦、白丽、爱多、雅娜、步云、爱帝、多佳、森达、润舒、创维、黛丝、麦科特、黛莉丝、达克宁、海飞丝、雅戈尔、姗拉娜、福满多、美加净、施贵宝、飞亚达、荣事达、高路华、万利达、不凡帝、高富利、得其利是、金格川谷、东洋之花、少女之春等。

这时期随着市场竞争的加剧，企业导入 CI 策略（企业视觉形象识别系统），品牌、商标的名称成为企业 CI 策略必不可少的一部分。名称不再是任意为之的事物，而是企业形象的一个重要方面。市场竞争要求品牌、商标的名称与企业 CI 策略的风格、观念、视觉等多方面保持一致，企业的商业命名不再分离，它们形成一个整体。

至于品牌、商标名称的音节形式方面，根据对中央电视台1999年7月—8月的产品广告做的统计，在193个名称中，双音节有132个，约占70%；三音节有58个，约占30%；四音节仅4个。也就是说，品牌、商标名称以双音节形式为主，而且大多数品牌、商标除了汉语名称，也使用拉丁字母名称，且不再是汉语名称的拼音拼写，而是一种创造性的词语，如海信（Hisense）、格力（Gree）等。这类命名更符合现代国际经济一体化的潮流，方便企业和国际接轨，也使企业有了更加广阔的发展空间。

从以上不同时期品牌、商标命名的变迁我们可以看出：

·汉语词汇变迁和社会的政治、经济的发展密切相关。品牌、商标等命名是时代的一面镜子，反映出社会发展的时代特征。品牌、商标名称用词的演变也体现出词语的双音节化趋势，由三音节占多数逐渐发展到双音节占多数，符合汉语词汇发展的规律。同时命名也受社会的影响，封建制度的消亡、半殖民地半封建社会的现实、民族的存亡、社会主义制度的建立、“文革”时期的局限、市场经济的确立、国际经济一体化等无不推动了品牌、商标命名的发展变化，给商业名称烙上了深刻的时代烙印。

我国的品牌和商标经历了一个由品牌、商标名称与企业、店铺名称二合一发展到品牌、商标名称与企业、店铺名称分离，最后又发展到品牌、商标名称与企业、店铺名称再次合二为一的过程。这个过程不是简单地回到起点，而是一个不断适应市场发展需要的前进过程。同时，使用外来文字形式的商标也不再是对过去的简单复制，而是有着本质的区别，即中国由被外来民族压迫而不得不打开国门，到主动打开国门、迎接国际竞争的挑战。

·词汇发展最重要的外因是社会的变化以及随之而来的人

们对事物认识的变化。[①]人们相信吉祥语有逢凶化吉的神秘力量，因此就出现了说吉祥的话语、取吉祥的名字、贴上吉祥的标签的习惯。[②]在品牌、商标的名称中使用吉祥的文字，反映了人们对吉祥寓意词语的偏好。追求幸福、追求财富、求吉求利、趋福避祸是人们的普遍心理，这种心态在今天仍是商业命名中一个不可忽视的重要因素。在命名活动中表现为追求词语的吉祥、富贵含义，这在商品或商标命名中表现得尤其明显。“学者的语言观与商人的语言观有很大的出入。学者观察语言重在讲理据，商人则把语言当作经商的工具。”[③]在商家眼里，品牌、商标名称是“招徕之牌”，能招揽顾客就是好名称、好商标。在普通消费者眼里，好听的品牌、商标名称可以给自己带来愉悦的感觉，尤其是充满着吉祥、富贵含义的名称仿佛会给人带来好运。这虽然有些语言迷信的成分，但充满吉祥如意气氛的词语确实能打动人心。

·**“文革”时期命名的专名通名化是品牌、商标发展演变的严重变形，它违背了商品经济发展的客观规律。**商标的显著特征是商标的根本属性，商标如不具有排他性、区别性就失去其应有的意义。因此，当时无从分辨不同企业的商品，品牌、商标名称便已不再是商品经济社会中的一种反映经济活动的事物。

·**品牌、商标名称是商品的标记，它的产生和演变同商品经济的发展有着密切的关系。**品牌、商标命名由吉祥用字逐渐演变为吉祥用字和其他类型专名并用，由地名作专名到使用各类动植物名称作专名，最后发展到借用外来词语和创造新式词

---

①张联荣．汉语词汇的流变 [M]．郑州：大象出版社，1997.

②郭熙．中国社会语言学 [M]．南京：南京大学出版社，1999.

③程祥徽．传意需要与港澳新词 [J]．中国语文，1996 (3)．

语作专名，名称日益多元化、个性化。商品生产发展到现代，品牌和商标已成为一种重要的竞争工具。商标设计也出现了新的突破，不再局限于动物植物、名胜古迹等传统题材，各种具有时代意义的、符合全球经济一体化趋势的信号化、符号化的设计大量出现。具有创新精神的新词语成为品牌、商标名称更能显示出企业和产品的个性。传统的老字号在走向国际市场时因其缺乏信号化、符号化的特征而不得不重新命名。如“恒源祥”在海外市场中放弃使用原来的中文商标。品牌、商标名称同时兼有中文和外文两种文字形式将是品牌、商标命名的基本模式。

2

中国品牌名称的语言趣谈

中国十类消费品

陈洁光调查分析了十大类共1304个国产品牌的名称[①]，这十类产品分别是：火柴、酒、自行车、鞋类、牙膏、化妆品、软饮料、洗衣机、电冰箱和电视机。该分析的品牌样本取自两个资料：一是国家信息中心1997年编制的《中国企业和产品数据库》，该数据库一共收集了5300多个在工商部门登记注册的中国企业及其产品，陈洁光从中挑选了808个酒类品牌，其中61%是获奖产品；二是中国轻工业信息中心编写的《中国名牌商品大全：消费品卷》，该书收录了截至1994年的

①陈洁光，黄月圆，严登峰．中国的品牌命名——十类中国产品品牌名称的语言学分析 [J]．南开管理评论，2003（2）．

2000个名牌消费品。

这十类产品有着不同的发展历史，代表了中国消费品工业的三个发展阶段，所以把这十类产品分成三组。第一组是中国的传统消费品，有火柴和酒两类。火柴和酒在改革开放之前就有了很大的发展，这些品牌可以反映出中国传统产品品牌命名的特征。第二组是起步于新的经济政策实施之前，但是在改革开放之后又有了新的发展的消费品，有自行车、鞋类和牙膏三类。近几十年来，这三类产品有了新的发展，出现了许多的新品牌。与传统消费品相比，这一组品牌具有不同之处。第三组是改革开放之后发展的新消费品，有化妆品、软饮料、洗衣机、电冰箱和电视机五类。这些新消费品品牌又具有自己的特点。产品的不同发展阶段会影响品牌的命名，同时，这三组产品品牌又能够从一定程度上折射出中国消费品工业的发展和变迁。

十类消费品品牌命名的系统分析

●十类产品品牌名称的基本语言模式

这些不同种类的产品在总体上遵循了前文归纳的四条语言规则。这十类品名对双音节有着极大的偏好，超过93%的电视机、自行车、鞋类和火柴的品牌都是双音节的，在其余六类产品中，双音节的比例也都超过了73%。统计资料表明三音节的品名同样也为消费者所接受，双音节和三音节的品名合在一起占据了样本的99%。单音节或超过三音节的品名非常罕见。就声调而言，不同类别的产品表现出较大的差异。比如说，96%的火柴品牌具有高声调，即以高音结尾；而在软饮料中，具有这种特征的只有57%。不过，陈洁光和研究员发现每类产品中都有超过半数的品名符合高声调的特征，因而这种特征依然存在。就合成结构而言，这些品牌又一次表现出对“修饰语+名词中心语”这种合成结构的偏好。语义方面，除了火柴之外，其他类别的品牌都具有清晰明确的褒义。火柴类中拥有积极、正面内涵的品名只有32%，剩下的68%都是中性的。相对而言，褒义在酒类品名中的比例也比较低，只有61%。从语言模式的角度出发，三组代表不同发展阶段的品名之间并不存在明显的差异，但是每一类品名都有其有趣的特征。不同类型的产品品名会采用不同的特色词。下面是对十类产品品牌的具体分析。

●十类产品品牌名称特征

一、传统产品品牌名称特征

·火柴

采用地名是火柴品名的特点，64%的火柴品牌都以其企业所在地或所在省市为名，如“北京”“南京”“西安”“杭州”“福州”“芜湖”等。过去火柴是中国人日常生活中的必需品，而火柴行业之所以从来都没能成为大工业，原因是任何一个火柴生产商都能够很容易地生产出足够多的火柴来满足所在地及其周边地区消费者的需要。举例来说，芜湖是安徽省的一个市，而芜湖生产的火柴就可以满足安徽省内很多地区的需求。火柴行业非常地方化，在很大程度上，地方化正是许多品名与地名直接联系在一起的原因。此外，地名也比较容易记忆，所以用地名命名火柴有其可取之处。而地名往往是中性的，这也就是为什么火柴类的褒义品名较少。地名是火柴品名命名的语义场，可以看出，火柴品名比较单调，非常类似。这也显示出火柴行业滑坡的趋势。在很多情况下，尤其是在炊具逐步现代化的城市里，人们已经不需要火柴了。另外，火柴在很多场合已经被打火机代替。很明显，根据产品生命周期理论，火柴行业正处于衰退的阶段。

·酒

酒类品名具有三个有趣的特征：第一个特征是40%以上的品名采用地名，不过和火柴品牌中的地名不同的是，酒类品名采用的是名山大川或名胜古迹的名字，而不是省名或者市名。这些名山大川往往象征着酒厂的悠久渊源。这个特征与中国酒工业的历史背景有联系。酒是中国最古老的行业之一，绝大多数的城市，不论大小，甚至有些县镇都有自己的酒厂。在中国，酒厂地方化的程度是独一无二的，因而每个酒厂都努力树立一种熟悉、可靠的形象来吸引本地消费者的注意力，因而酒类品名表现出强烈的本土意识。和火柴品名相类似的是，对地名的偏好同样导致了相对较少的品名拥有强烈褒义的特征，如“二龙山”“龙山泉”。

酒类品名的第二个特征是喜用泉、河、溪、湖、液、源等与水有关的词汇，19%的酒品名选用了这类词汇，如“玉泉”“翠溪”。

第三个特征是带有浓郁的中国文化韵味。中国传统文化与酒有着密不可分的联系，中国古代历史上以及文学名著中的著名人物大多是好酒之士。在体现这一文化内涵的同时，酒类品名还倾向于选择一些带有“古老”意味的词语，如“古井”；或者采用文学名著中的专有词汇，如“不过岗”；或者直接使用历史名人的名讳，如“屈原”。

这三个明显的特征构成了中国酒类品名的语义场——酒类品名具有很强的变化性、创造性、民族性、文化性以及区分性。

火柴和酒类品名都倾向于使用地名，这种现象不仅反映了中国企业喜欢在品名中突出产地的倾向，而且揭示了计划经济体制对企业的影响。但是从另一方面来看，这些传统的品牌，特别是酒品名，由于产品有着悠久的发展历史，品名也带有浓郁的中国文化韵味，非常有特色和创造性。

二、传统但有新发展的产品品牌名称的特征

·自行车

自行车品名的显著特征是较多地使用动物名称，包括与强壮有关的动物（如狮子、鳄鱼、鹰、大象等）和与速度相关的动物（如马、猫、鹿、鱼、鸽子等），有52%的自行车品名使用了动物的名称。除了动物名称之外，自行车品牌表达的语义场还包括坚固、轻快的词汇，如“金”“飞”；其他与优雅、敏捷相关的词汇，如“云”“仙”。这些词占品牌总体的15%。在中国文化中，“金”“飞”“云”“仙”都是很受欢迎的词，“金”代表富裕和耐久，“飞”表示迅速，“云”寓意轻盈，“仙”则象征了优雅。

让我们来看几个这样的品名：“飞鸽”“飞蝶”“金鹿”“野马”“飞马”“海狮”“金狮”“白云”。很明显，这些自行车的品名主要被用来体现自行车的功能，即迅速、耐久和轻快。这是品牌命名的一个很好的特征。但是，这种命名却导致了品牌之间的相似性，如“飞蝶”和“飞鸽”这两个品牌看起来并没有太大的差异，“海狮”和“金狮”也没有多少不同之处。这种命名模式事实上反映了中国的自行车行业多多少少还处在产品制造阶段，在若干类似的品牌当中，没有一个

出类拔萃的品牌能够成为市场的领导者。换句话说，绝大多数的品牌的价值都相差无几，缺乏品牌战略性。从战略的眼光来看，中国的任何一个自行车品牌都有领先的机会，并且能够为品牌战略增加品牌的价值。虽然目前市场上的自行车品牌的命名模式符合一般的语言规则，并且也形成了清晰的语义场，但是，它们缺乏创造性。如果商家能为这些品名做些修正并且融入一定的创造性和独特性，它们将会获得扩大市场份额的机遇。

·鞋类

鞋类的品名与自行车存在相似之处：第一，鞋类品名对动物也是青睐有加，尤其喜用鸟名（如“双燕”“烟鹰”）和动作迅速的动物名（如“烈马”“金猴”），23%的鞋类品名含有动物的名称。这些品名体现了活力与敏捷，鸟的名称让我们联想到鞋的优良品质。用动物作为品名反映了制造商试图将品名与产品的功能联系起来。第二，“飞”和“金”这些词语在给鞋类命名时同样受到欢迎。其中，含有“金”和“飞”的品名分别占整个鞋类品名的7%和12%。在许多情况下，“金”字加上动物名，增加了一种富足和耐久的内涵，如“金燕”。“飞”字则明显表达了如同飞一般的速度，这当然是对鞋的功能的一种夸张，这类的例子有“飞鹿”。第三，鞋类品名爱用与奔跑、旅行、攀登相关的词汇，或者是直接用名山的名称作为品名，例如“八达岭”“珠峰”“万里”和“远足”。

总而言之，共有53%的鞋类品名表达了轻盈耐久的优良品质。不过，与自行车品牌类似的是，鞋类品牌仍旧处在将品牌与产品的功能结合在一起的阶段，雷同现象明显，消费者会区分不开“金羊”鞋和“金猴”鞋，也很容易混淆“双燕”鞋和“双鹤”鞋。任何品牌想要领先竞争对手，品牌必须增值，品牌的增值则需要创造性和独特性。

·牙膏

在中国，牙膏的品牌命名往往把注意力集中在牙膏的功能上。品名大概可以体现三种特点：第一，直接使用中草药或者水果的名称来体现牙膏的成分或口味，如“三七”牙膏。三七是一味知名的中药，以其独特的止血功效而闻名。由于口腔保健工作在中国还处于初期阶段，不少人在刷牙的时候都会遇到出血的问题。“三七”这个品名的意思就是提醒消费者牙膏中含有三七这种草药的成分，能帮助止血，这就突出了其治疗的功能。第二，直接表达清爽与洁白的特点，如“白玉”。第三，直接说明牙膏的功能，“健齿”和“康齿”这两个品名都表达了有益牙齿的功效。“笑笑”是一个很有意思且很有创意的品牌，该品名暗示在使用了这种牙膏之后，你就不会因为牙齿的原因而惮于微笑了。

遗憾的是，对产品功能的强调揭示了牙膏品牌命名也同样存在着中国品名所普遍具有的品牌之间缺乏区分度的弊病。“白玉”和“蓝天”这两个品名都表达了牙膏能清洁牙齿的功能，但是消费者却难以对二者的特点进行区分。

传统但有新发展的产品品名与第一组完全传统的品名相比是有较大差异的。在第二组的品牌当中，对地名的依赖已不复存在，取而代之的是对产品功能的突出和强调。这样取名有其宣传产品功能的优势，但是也有缺点，很多品名在选词上有诸多雷同之处。

三、现代化产品品牌名称的特征

·化妆品

化妆品是中国发展最快的现代消费品之一。和其他类的品牌相比，化妆品的品名是比较独特的。首先，化妆品品名的语义场明显，我们所分析的79%的化妆品品名都含有与女性、美丽相关的词汇。很多品名采用类似外国女性的名字，如“爱丽丝”，有的选用表示浪漫的词语，如“夜巴黎”“勿忘我”；有的带有诸如爱情、芬芳、美丽等字眼，如“冷香”“天丽”等。语义上，98%的化妆品的品名都直接表达了褒义的内涵。对部分中国消费者而言，在某种程度上，化妆品是非必需品，因而对化妆品的需求需要宣传、引导和创造。因此，为了达到宣传的目的，以品名来体现化妆品的美容功能就显得尤为重要。用洋名来命名化妆品反映了中国化妆品消费者认为外国化妆品功效优越这一现象。所以，要树立带有中国本土特色的化妆品品牌还有一段漫长的路要走。化妆品品名依然反映一个普遍的问题，这就是雷同。雷同的品牌主要集中在那些洋品名当中。之所以会出现这样的情况是因为洋品名一般没有含义，并且在中国人的耳朵里，这些名称听起来都非常接近。让中国的消费者把“爱丽丝”“丝密丝”“罗丽丝”分辨清楚，无疑是一件困难的事情。必须注意的是，洋品名富有异国情调以及高贵、高雅和时尚的内涵，但是如果取名不当，就会引起消费者对相似品名的混淆。化妆品品名也比较缺乏品牌战略，包括为获取市场成功而围绕品名进行的一系列的周密计划。

·软饮料

在软饮料的营销方面，中国商家大都强调软饮料的冷饮特征。选择与冷色和液体相关的特色词是中国软饮料品牌命名的基本倾向，如“雪洋”“冷泉”“海碧”“冰漂山”。可以说，对“Sprite”这一品名的翻译把目前的软饮料品名命名策略表现得淋漓尽致。名牌饮料雪碧的英文原名只有一个音节，而且意义中性，但是它的中文译名“雪碧”不仅符合了双音节和“修饰语＋名词中心语”的汉语品名结构，还选用了“雪”和“碧”两个非常形象的冷色和液体词，此名完全符合中国的软饮料命名文化。另外，“雪碧”与“Sprite”在发音上还有一点相似，这是一例非常成功的译名。

中国软饮料品名的第二个特点是喜欢使用洋名（洋品名占总数的13%）。不过，软饮料中的洋品名与化妆品中的洋品名不同，并不选用女性化的洋名。软饮料中的洋品名有“雪菲力”“爱得露”等。对中国人而言，这样的名字一般没有意义，因为构成这些名字的语素之间没有语义上的联系，而且有些选用词在现代汉语中已经失去了含义。比如说“菲”字，这是古代汉语中的一个常用字，但是现在除了用于人名之外，人们已经很少用这个字了。用这样的洋名来命名软饮料的缺点是，对一般中国的老百姓来说，说起来不顺口，不容易记；但优点是，软饮料在中国是比较现代的产品，在其消费群体中，年轻人占了绝大多数，洋品名由于表现了西方的现代生活方式，因而较能吸引年轻人的注意。

要平衡这两点，就需要取一个上口易记又带洋味的名字。软饮料行业本身以及软饮料的品牌管理都还处在发展阶段。要树立品牌特征的话，必须具备与之相配合的营销计划，如广告活动和促销活动，以创造出特定品牌的独特形象。

·洗衣机

中国的洗衣机品牌的命名也集中到了“水”这个概念上，但是这个概念与软饮料的概念并不一样。洗衣机品牌乐于使用的是与水有关的动物、植物或其他物体的名称，如“金鱼”“小鸭”“双鸥”“荷花”“水仙”“飞帆”“波浪”。在所有的洗衣机品名中，涉及这类词语的约有40%。

· 冰箱

和其他产品相比，冰箱的品名看起来系统性要弱一点。部分品名选用与冷相关的特色词，如“北冰洋”“雪花”“蓝光”“星河”，这类品名约占23%。剩下的品牌很难归类，有以动物为名的，如“凤凰”“双鹿”；也有以植物为名的，如“沙松”。有些品名为中外文合称，全名的第一部分是中文名，第二部分是没有意义的译名，如“阿里斯顿”“利勃海尔”。这些混合的品名有多个音节，并且具有外国特色，但是中国的消费者却极少使用全名，只认识其简称。简称有一个共同的特点，即双音节，这是它们受到欢迎的一个主要原因。除此之外，“五洲”“长岭”“美菱”都是“修饰语+名词中心语”的合成结构，都有正面的、积极的意义，并且“五洲”和“美菱”都以高声调结尾，因而在读音上比较响亮悦耳。“海尔”是一个例外，也是一个很有意思的例子。“海尔”并非出自汉语词汇，事实上，它是其外资公司的名称“利勃海尔”的一部分。“海尔”这个名称既非高声调，也没有积极的内涵，甚至连“修饰语+名词中心语”的合成结构也不具备，在汉语品名中，这无疑是一个很大的不利因素。正如前面分析的那样，汉语品名最基本的要求就是褒义而且响亮。但是，海尔公司利用了“海尔”与“孩儿”的谐音，设计出了两个可爱的小男孩的形象，冠名为“海尔兄弟”。就这样，公司给这个原本无意义的品名赋予了丰富的内涵，使之成为一个有趣易记的商业符号。并不是说海尔的成功仅仅得益于品牌管理，但是这的确是一个极佳案例。

· 电视机

27%的国产电视机在品牌名称中使用了与色彩有关的词

汇，这样的品名有“长虹”“红梅”“菊花”“百合花”“金鹿”“孔雀”。在电视机的品牌当中，“长虹”是一个很成功的牌子。长虹是一个标准的汉语品名，它既是双音节，又是高声调，且符合“修饰语 + 名词中心语”的合成结构，此外，在汉语中，“长虹”又带有色彩绚丽的意思。不仅如此，长虹的生产商在全国范围内展开了猛烈的销售策略，有计划的广告宣传、强有力的分销网络以及在一些主要地区进行的促销活动，使长虹声名大噪。

可以看出，第三类品牌正在建立自己的语义场，并且语义场主要瞄准了产品的功能和特征。这类原先依靠进口的产品本不受制于中国的传统文化，但在经历了十年左右的高速发展之后，正在发展成为民族工业品牌。但是从目前的这些品名来看，这类品牌在语义选择和联想方面似乎很受局限，缺乏创意。

3

品牌、商标命名有高招

联想是事物或概念间相互牵连、相互激发、相互制约的一种思维方式。以丰富的意义联想命名商标，可以强化商标在消费者心目中的形象，从而唤起消费者的购买欲。词由三部分组成：音、形、义。所以，人们对品牌、商标词产生的联想也分为三类：语音联想、形式联想、意象联想。

语音联想

语音与品牌、商标命名是密切相关的。语音是品牌、商标命名的重要组成部分，换句话说，任何品牌、商标命名都离不开语音形式。语音既是形式，也是手段。语音是吸引消费者，引起一定广告效应的手段之一。在电视广告中，品牌、商标名称是要朗读出来的，一个具有音乐美、听起来愉悦的名称无疑能增强商品的吸引力。语音联想是命名者利用语音引发人们对品牌、商标的名称与其他事物之间的联想。最初这种联想只限于单一因素。著名美国人类学家、语言学家萨丕尔曾虚构出60组像“mal”和“mil”这样毫无意义的字符，告诉受试者这些字符均选自某种外语并同指“桌子”。不过，其中一个意为“大桌子”，另一个意为“小桌子”。萨丕尔要求受试者匹配哪一个字符表示“大桌子”，哪一个字符表示“小桌子”。结果是，80%的受试者将“a”与“大”、“i”与“小”联系在一起。[①]就是说，“a”和“i”各自有某种不同的情感意义。萨丕尔亦反复测试了含有其他元音和辅音的更多字符，他得出这样的结论：语言中的某些音素或音组有象征意义，即符号的能指与所指之间呈现某种自然联系。由此看来，虽然音义结合的任意性是语言产生和发展的重要前提，但某些语言与某种意义之间存在着一定程度的非任意性联系，即在特定条件下，语音象征意义是存在的。

目前，汉语语音联想所涉及的内容大大超过了萨丕尔的研究。除了单一音素，拟声、谐音、音趣、押韵等形式也被认为具有语音联想功能。

①朱亚军．商标命名研究 [M]. 上海：上海文艺出版社，2003.

●拟声式

拟声是模拟某种非语言的声音，其目的并不是在音色、音准上达到真实、逼真，而只是取其近似，从而给人一种心理影响。柯达公司的品名“Kodak”是模拟按动快门时发出的清脆悦耳的“咔嚓”声。“Yo-Yo”是悠悠球的商标名，这名称的发音则是模拟玩此玩具时线与盘摩擦而发出的“Yo-Yo”声。

●谐音式

谐音是指字词的音相近或相同。国产保健品“朴雪”口服液是“补血”的谐音形式。若是以“补血”命名，一方面因涉及产品的功能而违反了商标在社会上的适应性，另一方面，“补”字看起来过于白话，毫无美感可言，而“血”字则容易使人联想到鲜红的血液，让人望而生畏。“朴雪”相比而言更具有亲和力。化妆品品牌“Up2U”采用了英文与数字灵活组合的形式，同“Up to you”发音一致。此商标融入了网络时代语言的新元素，广受时尚青年的喜爱。

●音趣式

我国著名语言学家、修辞学家陈望道在《修辞学发凡》中指出，辞的音调是利用语言文字的声音以增饰辞的情趣所形成的现象，辞的音调分象征的音调和装饰的音调。象征的音调，都同语言文字的内里相顺应，可以辅助语言文字所有的意味和情趣。音趣式是其象征性的一个方面，指字词的声音同语意相称的现象。有些修辞学家和语言学家曾指出：长音有“宽裕、纡缓、沉静、闲逸、广大、虔敬”等情趣；短音有“急促、激剧、烦扰、繁多、狭小、喜谑”等情趣。清音可以引起“小、少、锐、快、轻、虚、静、明”等特质的联想，浊音可以引起“大、多、钝、暗、愚、重、恶、劣”等特质的联想。以此类推，任何语言单位或语言片断的声音中，只要有一种成分同语意相称，也都构成音趣。在英语词汇中凡是表达“小巧”“不稳定”等意义时，多含有元音“i”，如Little Tinkies（儿童玩具）、Slix（泳衣）。表示大、坚固、雄厚的词多含有“a”“o”之类的长元音，常用于男性商品或体积大、坚固沉重的商品。汽车“Ford（福特）”中“or”的发音沉稳、舒缓，赋予了此品名高贵、典雅的意蕴。而“e”含有“轻盈”“女性”“浪漫”的意思，很多女性用品品名多用到的-elle、-ella、-ette等后缀，都含有“e”音。“p”“b”“s”象征着轻风流水的声音，在饮料品牌命名中经常得以使用。如“Pepsi”（百事）中“Pep”让人联想到饮料的气泡，“-si”则让人联想到打开瓶盖时碳酸饮料发出的“嘶”的声音。

●押韵式

押韵属于辞的音调中装饰的音调。装饰的音调并不像象征的音调有能直接表意的意义，同语词的内里也并没有什么必然的联系，语词上用它不过为了装饰作用，使得语词能适口悦耳，听起来有音乐的风味。押韵这种修辞手法最常出现在诗歌中，英语品牌商标的命名有时会采用此种修辞手法。它由相同或相似的韵脚组成，分为头韵、元音韵和尾韵等。如著名商标“Coca-Cola（可口可乐）”“PallMall（长虹）”等。以这种方法命名的品牌名称富有节奏感，读起来响亮顺口，能够瞬间在人们脑海里留下深刻的印象，从而打动消费者。

形式联想

形象能引起人们的心理反应和视觉效果，能激发不同的心理感受。有些品牌、商标的名称通过形式上的非常规拼写使人们产生新鲜感，从而在心里留下很深的印象。其中常见的形式有：

●添加式

添加式是在正规的词语上添加其他成分以构成多重意义的品牌名。如商标“Hillo”虽然仅在“Hill”这个正规单词的后面加以字母“o”，却给人造成这样一种幻觉：一个人在高耸山顶上向着周围的群山高呼“Hello”，声音荡气回肠，更加衬托了山的雄伟。这正符合了命名者的初衷，也给人们的心理造成了一定的冲击。

●缩减式

将正规的词语简化、缩略为形式简短的品牌、商标名。这种方式简练、扼要，具有一定的生命力。国外一种除垢剂品牌名为“Mirro”，看到此商标，人们自然会联想到用过此除垢剂，任何东西都会像镜子一样光洁、明亮，比起直言不讳地说“Mirror”要更具“犹抱琵琶半遮面”的含蓄与韵味。受广大消费者欢迎的饮料“Fanta（芬达）”是“fantasie（幻想曲）”的简化，也容易使人联想到“fantastic”，其名字中隐藏的奥妙真是让人赞叹不已。

●拼缀式

将两个或两个以上的正规词语进行裁减、取舍，然后组合成一个词，构成品牌名称。目前，以此方式命名的名称越来越多，已成为中西方品牌命名的重要方式。拼缀式将两个词中较具代表性的部分组合在一起，强强联合的势头使其脱离了原词的大众化，显著性明显增强，而且形式更加富有创意性，符合了人们“喜新”的心理。宝洁公司的洗发水品牌“飘柔”是“飘逸”和“柔顺”的组合，其用意是希望用过此品牌的人们都拥有一头飘逸、柔顺的秀发。洗面奶“Skinice（肤美灵）”更是巧妙地把“skin”和“nice”合二为一，简洁地去掉了一个重复的字母“n”。其中给消费者的暗示“用了此品牌洗面奶，您的皮肤会瞬间变得洁白、细腻”这一信息暴露无遗，其奇思妙想让人不禁眼前一亮。

●替换式

把一个正规词中的某一元素替换成另一元素，一般其读音与替代部分相同。以此方式命名的品牌的区别性明显增强。浙江宁波名牌男装“Youngor（雅戈尔）”将“Younger”中的“e”替换成“o”，实则形变而意不变。

●倒序式

将正规词逆向也是用来命名品牌的方法。如“Reeb”（力波）啤酒是“beer”倒序排列组成的单词，两者放在一起，珠联璧合、相映成趣，构成了很好的视觉效果。奶制品“Klim”（克宁奶粉）也用此方法。

●回文式

回文指一个词、词组、句子或诗歌等顺读倒读完全一样。在品牌、商标命名中则是一个词或词组的回文。回文命名的目的仅是使品牌、商标对称醒目，并没有特定的含义。“美加净”化妆品的英文为“MAXAM”更是有着极为工整的对称均衡之美，在视觉上给人以强烈的冲击。

●借用式

正规的词语中借用了其他的符号，如数字。当然在汉语商标中也可介入英语字母。“Pay-Les $”是一家商号的名称。命名者把“Less”作了省略，而且还别出心裁地在“s”上加一竖线，由此摇身一变成了美元标记。这一标记不禁让人心领神会：$既构成了“less”这个单词的一部分，不会让人不知所云，又表达了独立符号的“美元”意思，简洁、创意地暗示了该店“更好服务，更低价格”的承诺。美国著名软饮料“7-Up（七喜）”也用了此方式。“7”在西方是个吉祥的数字，赌博时掷骰子得“7”者为赢，用数字则更形象、更直观。“Up”有“活泼向上”“使人清醒”的意思。所以“7-Up”在西方市场极为畅销。摄影器材“网 e 拍”中间插入了英文字母“e”与“易”同音，暗示了此产品属于高科技，其性能也容易被掌握。

●字母式

字母同其他的形象一样，不仅自身具有以美感人的视觉形象，其象征意义也会引发美的心理感觉。据统计，在 26 个英语字母中“o”和“x”用于品牌命名的频率最高。“o”是一个完美的圆形，具有较强的视觉冲击力，给人以圆满、和谐的感觉。“x”外形极为规则、匀称，具有非凡的视觉魅力。“x”容易使人联想到“excellent”，所以自身也被赋予了“出类拔萃”的含义。世界名酒“XO”则是由这两个非同寻常的字母组合而成的一个非同寻常的商标名，其高贵、典雅的视觉效果打动了无数人。

英国的美学家荷迦兹认为最美的线是蛇行线——波浪形曲线。字母“s”正符合这种特征，“s”的形象可以象征曲线美。因此，一些女性用品的品牌、商标名称是以 -ss 为后缀的，如“Aeress（女士内衣）”“Simdess（减肥化妆品）”等。

意象联想

张宁宁[①]认为意象是审美主体对审美客体进行能动反应的产物，是主观的心意与客观的物象的有机融合，是审美主体的审美意识与审美客体的审美特征的有机统一。品牌、商标的意象联想则是指对商标的意义理解而产生的联想。可分为以下三类。

①张宁宁．浅谈联想方式在商标命名中的运用 [J]．上海科技翻译，2004（3）．

●意象相似联想

品牌、商标的用词是为了使人们产生与其意象相似的好的联想。“淑女屋”是中国市场上备受时尚少女青睐的服装品牌之一。此商标若直言“淑女”就太直白而失去了朦胧感，后加一“屋”字却使人不由自主地联想到此处是淑女云集的地方，从而增添了一种温馨浪漫的感觉。这正符合了“淑女屋”少女服饰的清纯、可爱、美丽、浪漫的特征，从而引起无数少女心理上的共鸣。同样，著名皮鞋品牌“森林公主”有异曲同工之妙。穿上“森林公主”会让人感觉超凡脱俗，与众不同，既具有大自然的纯朴和清新，又有着公主般的高贵与优雅，有谁能不为之心动？

●意象对比联想

与意象相似联想相反，有些品牌、商标的名称会使人们产生与其意象相反的联想。这正吻合了现代人的逆向思维。逆向思维亦称求异思维，是一种反常规、反传统、反顺向的思维方法，是相对于顺向思维而言的一种思维形式。广告大师艾· 里斯在《广告攻心战略——品牌定位》一书中说：“寻找空隙，你一定要有反其道的逆想能力。如果每个人都想往东走，想一下，你往西走能不能找到你所要的空隙。”利用逆向思维命名的品牌、商标，在市场上有出其不意的效果。最典型的成功例子首推法国克里斯汀·迪奥化妆品公司的“Poison（毒药）”香水。“毒药”当初在法国一上市，立刻引起抢购热潮，据说巴黎一家大型百货公司每 50 秒销售一瓶。原来这款香水的命名触动了西方女性内心深处那充满梦幻，希望超凡脱俗，寻求冒险刺激，与传统娇柔闺秀型相悖的心理。当然，不同的人对“毒药”的联想会有不同，正如某位女士所说：“我希望用‘毒药’香水后，所有与我接近的男人都中上我的毒”。看来，“毒药”

又可解读为“魅力”。

●意象间接联想

还有一些品牌、商标名称会使人们产生与其意象有非直接联系的联想。这类名称一般使用委婉、含蓄等间接的表达方法，也有的源自不同的文化背景或历史典故。国外有一种叫作“9 Lives”的猫食品。“猫有九条命”的谚语众所周知，暗示猫的生命力之强。以此命名的猫食品让人不由自主地想到自己的爱猫吃了此食品后会变得更加健康，生命力会更加顽强。英国人素以保守、含蓄、优雅闻名，在品牌、商标的命名上也表现出与众不同的风格特征。英国著名香水品牌“Three little words”是其典型之一。不像富有激情的法国人直接以“Amour，Amour（爱，爱）”给香水命名，于是就用含蓄羞涩的“Three little words”替代大胆示爱的“I love you”。

品牌、商标名称通过反映在人们心理上的相似、相反或间接的意象，使人们在不知不觉中被商品无形而巨大的魅力所吸引。

4

如何设计品牌商标名称

品牌、商标名称的构成来源丰富，其中既有传统的命名，但更多的是科学的命名。不管是中国还是外国，不管是以中文命名还是外文命名，其目的都是一样，即设计出含义优美、新颖独特、不落俗套的名称来，为企业、产品、服务树立良好的形象。本节会谈谈品牌、商标命名的设计方法，包括品牌、商标命名常见步骤和程序；实践中品牌、商标命名的途径；品牌、商标命名与心理学之间的关系；品牌、商标命名应该注意的法律事项；世界上主要发达国家的品牌、商标命名风格等内容。

命名程序及步骤

在品牌、商标命名上，并不存在一个人人都得遵守的程序和步骤，但在今天，人们提倡科学的品牌、商标命名。品牌、商标命名不再被看成是一种随意性的名称的选择，而是要经过一些程序性的分析，要考虑多种因素。也许人们会认为这样将扼杀创意的灵感，但在现今这个品牌营销高度发展的时代，科学的命名方法是必需的。科学的命名方式一般要经过以下这些典型的步骤和过程。在开始给产品命名之时，下列这些阶段性问题是必须回答的常见问题：

首先，厂家希望其品牌的产品在哪个地区、哪种市场销售？地理覆盖越广，决策就越复杂。

其次，该名称在不同国家是否会有其他含义或联想？

最后，该品牌名称在跨国经营时是否可用，是否能受到保护？

图 3-1 是品牌、商标命名的战略性步骤：

1. 市场客体

品牌、商标在命名之前必须确定其销售市场和顾客群体，要有明确的定位，做到有的放矢，应当把自己放在顾客的角度去考虑。不同的消费者群体对品牌、商标名称的喜好也是不一样的，如儿童就喜欢米奇、凯蒂猫之类的品牌名称。

2. 品牌、商标审核

它是指研究影响品牌、商标命名的内外因素，如公司资源、竞争程度等。这种审核有助于鉴别品牌、商标命名的原则。如品牌审核表明某公司生产了寿命长而受消费者青睐的电池，那么要设计的品牌、商标必须解决的一个问题就是强化其产品成功因素，如“金霸王电池”。

3. 品牌、商标客体

品牌、商标客体即产品。在品牌、商标命名中，必须考虑产品的因素，这将有助于设计出与产品特点相符的名称来。如高科技产品的名称就可以多采用科学化的名称，如“Microtek（中晶）”。

4. 品牌、商标策略选择

企业必须制定正确的品牌策略，明确是制定单一品牌策略还是多品牌策略，是制造商品牌还是销售商品牌，这些必须在正式设计品牌、商标名称之前就要确定。

5. 指定的品牌、商标准则

品牌、商标命名是有着它的准则的，如简短易记等。但是一般来说，一个品牌、商标名称不能满足所有的准则，除非设计得特别好，如Lux（力士）。因此，在命名之前，还要根据自己的情况有针对性地制定品牌、商标命名准则。例如，产品要是在国际市场上销售，那么命名的国际传播性就要放在第一位。

6. 创造品牌、商标名称选择方案

对品牌、商标命名的各种要求和条件都有了清楚的概念之后，就可以设计出品牌、商标名称了。设计名称可以自己采用头脑风暴法进行，也可以委托专业人士进行。

7. 测试并挑选品牌、商标名称

品牌、商标命名一般会设计出几个或十几个符合命名条件的可选名称，接下来的问题就是在它们之中挑选出最佳名称。这需要经过试用和测试，并且需要一套客观的评估方法。经过这些步骤才可以得出最佳品牌名称。

市场客体

↓

品牌、商标审核

↓

品牌、商标客体

↓

品牌、商标策略选择

↓

指定的品牌、商标准则

↓

创造品牌、商标名称选择方案

↓

测试并挑选品牌、商标名称

图 3-1　品牌、商标命名的步骤

●国际品牌咨询机构的命名方法

全球性的综合品牌咨询公司 Interbrand（国际品牌集团）有一套完整的命名程序（见图 3-2），它为客户提供命名服务时一般都严格遵守这一程序和步骤。它的命名步骤如下：

1. 首先它会详细地调查客户公司的产品及服务计划、市场目标、品牌策略。这些都是命名的前期工作，是命名的理论基础，不可缺少。产品信息包括：对产品概念及产品功能的仔细审查；产品的特殊性能、市场定位、消费者的满足度；与竞争产品的关系；媒体传播计划；产品是否已形成一个系列；产品与公司名称及现有商标之间的关系。市场信息包括搜集有关市场的定性及定量数据，这样就可以对产品即将投放的市场有一个了解。商标信息还涉及对商标即将注册的所在地的情况调查，因为命名必须要符合相关的国家的语言文化环境，以及对商标注册的限制。

2. **品牌调查工作完成之后，就可以开始命名工作了。**在为产品、品牌、商标等命名前，首先要按照命名的五个标准确定品牌策略所要达到的目标。这五个标准是：可记忆性、有意义性、可转换性、可适应性、可保护性。尤其要注意必须定义出该名称所期望携带的含义，以及该品牌、商标的命名在公司整个品牌组合中所处的地位。还要注意与公司其他品牌、商标之间的关系及与产品之间的关系，有时可以使用现有品牌（即品牌扩展）。然后根据已知的一些情况编写一份命名战略报告。

3. **组成命名小组。**命名小组按实际情况由不同的专业人士组成。在组成命名小组时，需要客户对命名战略报告的批准认可。

4. **命名小组的主要目的就是为命名的关键词根制定方向，为关键词根制定方向的意思是设计或制定出品牌、商标名称所要构成的主体或构词趋势。**一般来说，一个 8 人小组在 2、3 个小时内可以制定出约 500 个的词语材料。这些词语材料要经过法律和语言学仔细地检查。品牌、商标命名就像是炼金：为了最终得到纯金——吸引人的、强有力的、有保护力的名称，必须向炉中投入大量的矿石。

5. **有了以上这些命名策略及命名的方向后，下一步就是充分调动各方面的智慧来创造出尽可能多的新名称：**公司管理部门、员工、消费者、零售商及供应商、广告公司、专业命名机构、计算机命名软件，等等。这一步可以产生成百上千个名称。

6. **接下来就是进行严谨的评审，此时通常要进行语言学及法律调查。**这些名称必须根据第一步所定义的品牌目标和营销考虑，甚至利用常识来进行筛选，以产生更能符合标准的名称列表。这一步可以去掉下面这样的名称：有双重意义的名称、难以发音的名称、已在使用或与现有品牌十分相似的名称、有明显法律问题的名称、与品牌定位明显相冲突的名称，从而可使名称减少为数十个。

7. 按上一步骤，最初的名称可能减至 50 ～ 100 个候选名称。这时需要有客户的参与。在与客户经过仔细分析之后，可以筛选出 10 个名称。这些名称虽然还未经过法律审查是否适合于注册，但一定都能符合命名战略报告中的要求。

8. 下一步就是要对客户挑选出来的 10 个名称进行广泛的相关信息收集。在花费大量资金进行消费者品牌名称测试之前，最好要进行国际商标注册调查。国际商标调查依次序进行，某个名称只有在某国通过了法律调查后才进入另一国进行商标调查。经过国际商标的调查之后，候选名称会减少为 5 ～ 6 个。

9. 候选名称都有自己的优点，难以取舍。这时要借助于公众：消费者测试。测试的结果可以按公众喜好度排列。进行消费者名称测试是看管理层对名称的看法是否与消费者对它的看法一致。对名称的测试包括联想测试、记忆测试、阅读测试、偏好测试。

10. 最后，根据以上步骤所收集的信息，管理层可以选择一个最佳的品牌商标名称，它能够最恰当地体现公司品牌目标和营销目标。命名机构可以给出选择以及这种选择的理由，以供客户参考。一般是双方共同讨论决定。

下面这个命名案例是 Interbrand 为英国奥斯汀·罗孚（Austin Rover）汽车公司所做的品牌命名策划全案。它说明品牌命名是一项系统工程，需要一系列的命名步骤和程序，而这个程序正好与前面所描绘的命名步骤及程序一致。

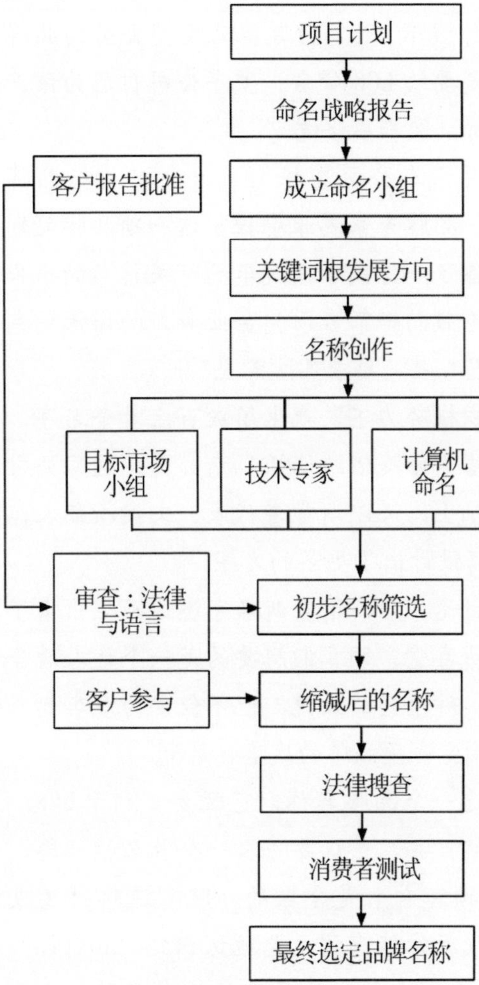

图 3-2 Interbrand 命名程序

案例 1 英国奥斯汀·罗孚汽车品牌命名策划全案

奥斯汀·罗孚汽车公司是一家老牌英国汽车制造商，以生产运输车辆称著。在相当长的一段时间里，罗孚公司的品牌比较繁杂，没有统一的形象。1979 年，它生产出一种新型迷你汽车 LC8，打算以此重塑公司的品牌形象。但首先就是要给 LC8 命名。罗孚公司自己为该产品设计了许多名称，但都不合适。

于是，罗孚汽车公司委托 Interbrand 进行品牌命名及推广工作。品牌专家墨菲承担了这一项品牌策划任务。首先他准备了一份关于该汽车的有关信息的报告，还参观了位于伦敦的一家专门为企业命名的诺沃玛克公司，目的是集思广益，征求各方意见。

在各方的积极努力下，产生了成百上千个名字，然后，墨菲把这些名字提供给诺沃玛克公司。这家公司在这些名字的基础上，又以消费者代表、文案撰稿人、计算机数据为依据设计出了更多的名字。

经过一番讨论之后，很多新名字迅速产生出来了，但不被消费者所喜爱。顾客们想要的是一个迷人的合适新轿车的名字。对于墨菲来说，他不仅要为汽车起一个名字，而且要制定一项品牌的战略性计划。

所制定的这一个品牌名称，它既要有利于 LC8，又要有利于以后的产品，是说要寻求一个长久性品牌，并且这个品牌在顾客看来是合理的，既有逻辑性又吸引人，而且还要使顾客能有意无意地认识到“Austin”和“Rover”是一个联合体。为了设计这个名称，他们把目光转向希腊诸神、行星、动物，甚至珍贵石头的名称。所有这些名字看起来都有吸引力，但大部分都已用过了，还常常遇到翻译上的麻烦。

他们继续设计一个品牌名称，它既精炼、吸引人又具有国际通用性。他们意识到当时只有罗孚公司在生产迷你汽车，因此新的品牌必须含有“小”的意思。他们领悟到最简单最美妙的方法莫过于在所有的品牌前面加上一个字母“M”。这样“迷你”的意思就可以非常自然地渗透到新品牌当中去，而且也不用发愁寻找国际型品牌，更不用担心品牌有用尽的危险。

有了这一限制，候选名字马上缩减为50个，大部分以“M”开头。在经过语言和法律的调查，这批名字最后又减少为6个，其中4个是以“M”开头。当罗孚公司要求必须提供3个真正的品牌名称时，投票结果是“Metro”“Maestro”和“Match”。很明显，这三个品牌名称均以“M”开头，新的品牌战略已经出现。之后，罗孚公司又增加了4个以“M”开头的品牌，全被认可。

案例 2 命名风暴公司的“自己动手”命名程序

如果你是一个需要对产品品牌、商标等进行命名的人，你可借助世界著名专业命名公司命名风暴（Namestormers）提供的一整套命名程序和步骤。按照这个程序，你可以自己动手来进行命名工作。为配合这种命名程序，命名风暴公司还编制了专门的命名软件。下面就是这个程序的具体步骤，它将能为你提供理想的方案。

◎命名基础工作

在命名之前，首先要收集一些基本信息，它们对于命名来说是不可缺少的，是命名的准备工作。

a. 描绘你所要命名的目标

首先要列举出命名目标的关键特点和性能、竞争优势以及任何能够区别其他同类公司、产品、品牌等的独特个性。

b. 总结命名名称所要达到的目的

如：所需要的名称在品牌策略中应该起什么样的作用？这个名称是否能描绘产品的某一主要特征或功能？这个名称是要传达某一特定公司形象或身份？需要一个比较复杂的名称，还是一个带描绘性的名称？

c. 定义目标市场

确定该命名的目标消费者及其生活特点以及人口情况。如：想使这个名称对谁有吸引力？他们喜欢一个保守的、传统的名称，还是喜欢一个开放、花哨的名称？他们喜欢一个有创意的名字，还是喜欢一个有科学性的名字？把能够吸引目标消费者的名称特性列下来，如名称的长度、声音、形象等。

d. 列举出你喜欢和不喜欢的名字

将已存在的名称，按你喜欢的和不喜欢的列举出来，每类至少有 10 个。不一定是同类型的名称，也可以是不同来源的名称。对于每一个名称，列举出喜欢它和不喜欢它的原因。然后研究它们之间是否有共同点，如：是否含有你喜欢的词根或单词？对于你认为能帮助命名的词汇或词根，要记下来。

在这个单子上一定要包括有竞争者的名称。避免制定与竞争者相似的名称，因为很可能会引起混淆，削弱名称的广告效果，甚至还会造成商标注册的困难。

◎名称的不同种类

选择适合的名称种类。

a. 新创词并且没有意义的名称最容易注册，但最难以推广，如埃克森、奥利奥。要使它们成名不容易，需要大量的广告投入。

b. 新创词但有含义

这类名称比起完全没有意义的新创词来说，比较容易营销推广一些，如戴哈德、金霸王。它们的意义一般与产品有关，对于技术含量比较高的产品，这类名称是比较好的选择。

c. 现有词汇

现有词汇是一些最具描绘性但也比较难以注册的名称。因为大多数情况下，可能已经被使用或者这个名称太普通而难以保护。

d. 人名地名

这类词汇可以和著名人士或既定地点联系起来，但限制较多，并且难以保护，因为同名同地点的人也可以使用它们。

◎命名技巧和手段

采用以下两种技巧和手段，可以帮助命名者设计出适合的名称。

a. 把偏好的元素组合起来创造新词

首先拿出一张纸，分成两部分。列举所喜欢的那些名称，把它们的要素挑选出来。然后把这些元素互相组合，组成你所喜欢的新词，可能有几个。

b. 尝试一个现有词汇

这可以借助于专门的词典，或采用头脑风暴法制定出一个名称来。

◎检查和测试你制定的名字

获得候选名称后，就可以从以下几方面对它们进行检查和测试，看是否有潜在问题。

a. 商标调查

在正式选定品牌商标名称之前，强烈建议命名者进行商标调查。可以委托商标法律师来进行，或自行查阅商标公告等文件看是否有同名存在，或者是否有同类产品的相似品牌名称存在。

b. 语言检查

如果是要进行国际传播的品牌、商标名称，还要进行其他语言的检查，看所选择的名称是否在其他语言中有不雅含义。这种检查一般可借助于命名软件，如“NamePro”命名软件。

c. 名称测试

不管命名者对某一个名称如何满意，消费者对它可能有不同观点。因此，命名者至少要对每个名称进行以下问题的测试：

- 消费者喜欢这个名称吗？
- 这个名称与企业、品牌合适吗？与产品相关吗？
- 消费者对它是否有消极联想？
- 消费者能准确拼写和朗读它吗？
- 消费者第二天能记住它吗？

案例 3 ×× 家庭净水机命名企划案

◎商品描述

性能——具有三道水质过滤的特殊装置。龙头一开，净水马上流出。有 LED 液晶画面，可以显示什么时候需换滤芯。可生饮，甘醇顺口。

价格——33000 元 。

尺寸——60cm × 30cm × 29cm 。

色彩——象牙白、琥珀色两种。

◎商品特性

由银离子和污水交换式杀菌，可制造出矿泉水。

可生饮。

母子式三种过滤设备。

商品形象和方向性

注重饮用水健康的家庭。

告别脏水、祛病养生。

◎设定消费群

一台3万多元的高层次净水系统面向年收入5万元以上的城市家庭，35～45岁家庭主妇和崇尚健康、回归自然的男士。

◎命名目标

商品特性能一目了然。

亲切、生活化。

有绝对的个性：三重保障水处理系统；时髦、健康家庭之必需品；水喝起来甘醇顺口。

◎命名调查问卷格式

限于篇幅关系，无法在此将问卷所有内容作详细介绍，仅挑出部分提供读者参考。

（1）受访者资料研究：

年龄：①16～25岁；②26～30岁；③31～35岁；④36～40岁；⑤41～45岁；⑥46～50岁；⑦51岁以上。

性别：①男；②女。

职业：①上班族；②学生；③教职人员；④家庭主妇；⑤银鬓族；⑥其他。

职称：①职员；②科长；③经理；④处长；⑤总经理；⑥董事长。

年薪：①1万以下；②1.1万～2万；③2.1万～4万；④4.1万～6万；⑤6.1万～8万；⑥8.1万～10万；⑦10万以上。

生活态度：①重视家人健康；②喜欢招待客人到家里；③时髦、乐观。

（2）命名性能诉求：

①重视注意度（以引人注目为单一条件）。

②重视商品概念的理解。

③以提升形象为主。

④须对净水机性能加以详细说明。

⑤欲与其他品牌树立差异化。

（3）命名语感：

①高级感或平易近人。

②机械味或人性化。

③柔调或硬调子。

④都市风或回归自然。

◎竞争品牌分析

美宁；多碘；国际；山叶；三菱；BRITA；爱普绿……

关键语

都市、优雅、高尚、魅力、品味、优越、美丽、健康、自然、流行、进口、纯净、无菌……

留意点

高度感、新贵族的诉求。可有附加值以优于同业。市场中无类似产品。

有一种滤水壶在行销，不过价位为几百元。品名可一目了然。

选定名称

“都会”“高兰”“魅力”“品味”“圣上水”“圣爱水”“清一舍”“蓝珊”……

以上案例充分说明了品牌命名是一个系统工程，需要经历复杂的命名过程。实施品牌策略的起点就是要为品牌、商标等设计一个好名称，要想创立世界级的国际知名品牌，更是需要付出巨大的努力和奋斗。

命名的三个心理学原理

品牌、商标命名不但是一种语言行为，还是一种心理活动，和人们的心理活动密切相关，会受到心理因素的制约和影响。国外品牌理论界把这种联系归纳为三个心理学原则。当然，它们主要是从语言上来分析的，但对品牌命名也同样适用。

●朱丽叶原理："玫瑰也可以叫其他名字"

朱丽叶（Juliet）原理，出处是莎士比亚戏剧《罗密欧与朱丽叶》中的一句台词。朱丽叶说："玫瑰要是换了个名字，它的香味依旧芬芳。"这是语言学上的习惯派的观点。他们认为，词的形式与该词所代表的意义之间没有内在的联系。

众所周知，《罗密欧与朱丽叶》是由来自两个敌对家族的恋人展开的。蒙塔古和凯普莱特是两个长期敌对的家族，互相仇视对方的名字。

朱丽叶试图缓解这个矛盾，她说名字没有什么意义：

假如罗密欧并不叫罗密欧
他亦会保持他所拥有的一切美德
那就不要这个名称——罗密欧，抛弃这个名字吧
这个并非是你身体任何一部分的名字
深深地吸引了整个的我

纯粹从语言上看，大部分的事例都支持了这一观点，名称本身没有什么意义，它是约定俗成的。但品牌、商标名称不是事物的本身名称，它要一定的商业功能，能给消费者带来美的享受。如桑塔纳汽车当然可以以另外的名称来命名，但以一种“旋风”命名无疑意义上佳。

我们十分熟悉桑塔纳轿车，它的外文名称是“Santana”。它是德国大众汽车公司生产的一种普及型小汽车的商标。“Santana”原指美国加利福尼亚一座山谷的名称。这座山谷中，经常刮起一股强劲的旋风，当地人就把这股旋风也称为“Santana”。1981 年，大众公司生产出这种新型汽车时，决定以“Santana”命名，希望这种新型小汽车能像旋风一样风靡全球。大众公司有采用各种风名做品牌名称的传统。另外以风命名的汽车有 Scirocco（尚酷）和 Passat（帕萨特）。前者是指由非洲撒哈拉沙漠吹向意大利南部的暖季风，后者是指海洋上的贸易风，即信风。

●乔伊斯原理：语音的象征主义

介绍一个与朱丽叶原理截然不同的原理——“乔伊斯原理”。乔伊斯原理可以概括为：“只有称之为玫瑰的玫瑰才是玫瑰。”这也是语言学上的自然派的观点。

早在 1921 年，美国著名语言学家兼人类学家爱德华·萨丕尔出版了《语言论》一书，里面论述了语言象征主义。他承认语言的大部分素材是随意的，是在历史中逐渐演变而来的。同时，他提出词语形式还有另一个意义的层面，即符号象征层面。他的实验结果表明 80%的人认为发“a”音指较大事物，发“i”音指较小事物。他称之为“语音的象征主义”。也许是巧合，也许是有意识，男士用品的品牌名称多含“a”音，如 Marlboro（男性香烟）、Avalon（汽车）；而儿童用品品牌名称多含“i”音，如 Mickey（米老鼠）、Kitty（凯蒂猫）。

英国大诗人蒲柏有句名言："只是不作刺耳之声是不够的，音必须是义的一种回声。"这句话是这种观点的典型代表。如下面这个命名就有声音象征的成分。

奇巧（Kit-Kat）是雀巢公司的一种巧克力，它最初是英国能得利公司生产的。1935 年该产品问世时曾取名为"巧克力脆饼"，不久以后便以"Kit-Kat"为商标。Kit-Kat 是一个拟声词，表示在吃这种松脆食品时发出的声响。

●荣格原理：词语联想测试

词语联想测试，由著名心理学家卡尔·荣格设计，是用来研究反应障碍的实验，荣格据此提出了著名的情结理论。这是十分简明的测验方法，让被试者听到刺激词之后，尽可能快地做出由此刺激词所联想到的反应，即一个或几个联想反应词，被试者反应回答词的词义及其联想、反应回答的错误或口误以及被试者对刺激词反应时的面部表情及有关的非言语线索等，都可以作为深入分析的情结指标。在商业领域，这种操作可应用于对潜在品牌名称的联想测试。

营销专家费南多·多格那认为，从更深的角度考虑一个品牌名称的合适性时，就需要依据语音的象征主义。他指出，当我们第一次听到一个品牌的名称时，它会给我们留下一个正面或反面的第一印象，而且一个不恰当的名称往往会是一个持久的缺陷。多格那提出了一些有助于创造好名字的建议，包括：

· 鉴别名称所需传达的产品特性和气氛。

· 确定最适合反映这些特性的词语特征。

· 用多种组合的方法产生名称候选表。

· 精简候选表，然后用消费者测试来确定最合适的名称。

例如下面这个命名就说明了品牌、商标名称使消费者所产生的不良联想会对商品的销售有影响。

Hotpoint（热点）是美国一名牌电熨斗品牌。1903 年美国加利福尼亚州的理查森为他妻子设计制作了一把电熨斗，他将自己的发明取名为“Hotpoint”。该词是由“hot”和“point”两词构成，在英文里分别表示“热”和“点”。

1904年，理查森创办太平洋电热器公司，把自己的发明推向市场。理查森将“Hotpoint”注册为商标以后，他于1911年将公司名称也改为Hotpoint家用电器公司，并且进入家电的其他领域。Hotpoint一直沿用下来，甚至它生产的电冰箱也以此名称为商标，因此它的销售情况并不好。这说明了一个品牌战略上的问题，即使是一个老牌商标，也应随着公司经营范围的扩大适时加以革新。

命名的禁区

品牌、商标的命名十分丰富多彩，它们的来源也很广阔。但品牌、商标名称毕竟不同于其他一般名称，它们有着自己的独特之处，并不是任何一个词汇都可用作品牌、商标名称。这类的命名有一定约束和限制，如用人名、地名作为命名就有一定的法律限制，而有的名称是不被法律允许用作品牌、商标名称的。

随着经济的发展，品牌越来越多，世界各国为了创造良好的竞争环境，在名牌保护方面，制定了有关的法律。国际社会为了保护各国企业的商标公平竞争，也制定了许多有关商标方面的条约。就品牌、商标的命名来看，一个名称不仅要符合美观实用的要求，而且要符合法律对品牌、商标名称的要求。中外商业、商标法规都规定了品牌、商标命名的禁区，这些禁区大概有以下几类。

第一，涉及国家主权或国际组织的名称不能作为品牌、商标名称。如某国家的名称或缩写、国际组织的名称及其缩写都不得用作商业名称，这反映了商业活动应尊重国家主权和国际组织的原则，如“红十字”“绿十字”“红新月”等名称是不能作品牌名称的。

第二，涉及商品信息的一些词汇，如能提示商品的类别、品质、功能、原料的词一般难以注册，或注册时有严格限制。在品牌的发展史中，尤其是国外品牌，能够提示商品信息的品牌名称大量存在，如“Day-Glo”（发光粉）、“Aqua-Fresh”（牙膏）、“Clinique”（护肤品）、“Thermos”（热水瓶）。但是这些品牌名称都是由能提示商品信息的词汇加以变化而成，并不是直接采用，因此可以认为这些品牌名称具有一定的显著性。下面这两个案例可以说明这类品牌命名的特点。

案例 4　“Cubond”铜焊剂品牌名称的商标案

美国SCM公司在我国申请注册“Cubond”铜焊剂商标，我国商标局认为Cubond来源于Cu（铜）和bond（连接），直接表明了商品的通用名称，所以驳回了该申请，不予注册。SCM公司对驳回理由不服，向商标评审委员会申请复审，其理由是：Cubond自1949年开始作为商标使用，并非通用名词；《英汉大词典》把该词列为商品名称属于编写错误；“Cubond”作为商标已有很高的知名度。商标评审委员会经复审认为：Cubond一词是商品名称缺乏原始依据，并且无证据表明它已演变成通用名称，因此不能认为Cubond已成为通用名称，予以初步审定。

在商标局初审中，之所以认为Cubond不具备显著性，主要是因为它的构成能直接提示商品，Cu是铜的元素符号，Bond是“连接”，违反了我国《商标法》规定：“仅直接表示商品的质量、主要原料、功能、用途、重量、数量及其他特点的”标志不得作为商标注册。但在西方文字商标中这样构成的品牌、商标名称大量存在，因为这样构成的名称在具有指示商品特点的同时还具有显著性。这也是语言不同所引起的。英语能通过字母或词根的重新排列组合而形成新词，这个新词具有原词的意义，但又不同于原词。而汉语却没有这种构成方式。

案例 5 “LaserDisc”为什么能注册

前几年，我国某光盘公司以“Laserdisc”为名称申请注册光盘商标，被我国商标局驳回申请，原因是该名称直接描绘了其产品——激光光盘，不符合《商标法》的规定。但日本先锋公司有一品牌，同样是“LaserDisc”，却可在全球到处注册。这是为什么呢？

日本的品牌名称绝大部分由英文构成，并且按照国际品牌的惯例设计，“LaserDisc”正是这样的品牌名称。设计人员就在字体的中间加上一条线，象征光束，增强了品牌的显著性。

类似可以推及一些数字或字母品牌，当它们的名称太过于一般而缺乏显著性故难以注册时，可以在字体上作某些艺术处理，则比较容易注册。这时，这种商标是作为特殊图案来看待的，而不仅仅是被当作文字。

第三，人名、地名、数字名不宜用作品牌、商标名称。虽然这类名称在过去曾大量产生过，它们到今天之所以仍被认为是品牌，是因为在长期使用过程中，它们已获得其原有意义之外的另外含义，并且它们中的大部分是作为驰名品牌、商标而得到注册保护的。今天，这类词汇作为品牌、商标名称应该谨慎。

第四，含有宗教信仰、社会道德上的歧义的词汇不宜用作品牌、商标名称，尤其是作为一个全球性的品牌时更是如此。有的产品在外国销售时，其品牌、商标名称可能会具有别国文化所不能接受的含义，如英国的“Mecca”品牌名称在阿拉伯国家就遭到拒注，因为“Mecca（麦加）”是伊斯兰的圣地。同样，涉及社会道德的词汇用作品牌、商标名称时也应该慎重。由于各国的道德观念不一样，有些名称在某国是可以接受的，但在另一国恐怕不行。如法国香水品牌名称“Lovalift”（爱的高峰）、“Nuite D’Ardente”（激情之夜）在有些国家是不能接受的。

又如美国一些内衣品牌的命名大部分都含有某种直接描绘商品功能的词汇以及表达某种色情因素，在一些国家如果不作适当改变的话，恐怕大部分不能获准注册。

下面列出了世界上主要国家及国际组织对品牌、商标命名的一些限制。

中华人民共和国《商标法》（2013 年修正）第九条规定：申请注册的商标，应当有显著特征，便于识别，并不得与他人在先取得的合法权利相冲突。商标注册人有权标明“注册商标”或者注册标记。

第十条规定下列标志不得作为商标使用：

（一）同中华人民共和国的国家名称、国旗、国徽、国歌、军旗、军徽、军歌、勋章等相同或者近似的，以及同中央国家机关的名称、标志、所在地特定地点的名称或者标志性建筑物的名称、图形相同的；

（二）同外国的国家名称、国旗、国徽、军旗等相同或者近似的，但经该国政府同意的除外；

（三）同政府间国际组织的名称、旗帜、徽记等相同或者近似的，但经该组织同意或者不易误导公众的除外；

（四）与表明实施控制、予以保证的官方标志、检验印记相同或者近似的，但经授权的除外；

（五）同“红十字”“红新月”的名称、标志相同或者近似的；

（六）带有民族歧视性的；

（七）带有欺骗性，容易使公众对商品的质量等特点或者产地产生误认的；

（八）有害于社会主义道德风尚或者有其他不良影响的。

县级以上行政区划的地名或者公众知晓的外国地名，不得作为商标。但是，地名具有其他含义或者作为集体商标、证明商标组成部分的除外；已经注册的使用地名的商标继续有效。

美国《商标法》规定：有下述内容之一者，不得作为商标注册：

含有不道德、欺骗或丑恶的事物；含有美国某一州或某一外国的旗帜；使用他人的姓名、肖像或签字式样而未取得他人同意的；近似于他人在美国已使用或已注册的商标，可能造成混淆、讹误或欺骗者。

《保护工业产权巴黎公约》第六条规定：由商业中用以表示商品的种类、质量、数量、用途、价值、原产地或生产时间的符号或标记所组成的商标，被申请国可拒绝注册。

《比荷卢经济联盟统一商标法》规定：构成商标的条件是：凡以名称、图案、标记、印章、字母、数字、商品形状或包装以及任何其他用来识别某一企业商品的记号，均视为个体商标。但商品性质本身所决定的影响商品实际价值的或产生工业效果的商品形状，不得视为商标。

下列申请注册不能取得商标权：违反善良风俗或公众秩序，或者为《巴黎公约》所拒绝或取缔的商标的申请注册，不管该商标是否已经使用；对公众具有欺骗性的商品、商标的申请注册。

《发展中国家商标、商号和不正当竞争行为示范法》规定：构成商标的条件，可以是任意或想象出来的名称、图案、字母、数字、标签、标志、印花、印戳、颜色的结合或排列以及商品的形状或容器。下列的商标不能进行有效的注册：（1）由商品或服务的固有性质或其工业作用所赋予的形状或式样所组成的商标；（2）完全用在贸易过程中表示商品或服务的种类、质量、数量、用途、价值、产地、生产或供应时间的标志或由产品说明所组成的商标；（3）完全用在现代语言中或在该国贸易的惯例中成为有关商品或服务的通用名称的标志或说明所组成的商标；（4）由于其他原因而不能将一个企业的商品或服务与其他企业的商品或服务区别开来的商标；（5）违反道德或公共秩序的商标，尤其是容易在有关商品或服务的性质、产地、制造方法、特点或用途适宜性方面欺骗贸易界或公众的商标；（6）复制或模仿任一国家或政府间国际组织或根据国际公约所建立的文章、旗帜和其他象征、字首、名称或名称的缩写的商标，但经该国或国际组织的主管当局授权者除外；（7）复制或模仿国家所采用的官方标志或检验用于标记的商标，但经该国主管当局授权者除外；（8）当集体商标的注册已经满期而且没有续展，或该商标的放弃、撤销、无效已在注册簿上登记，在申请前三年之内可能使公众误解的类似该集体商标的商标。

品牌、商标的命名是有其限制性的，世界各国的商标法及国际立法都对品牌、商标命名做出了这样或那样的规定，如上面就是我国、美国及一些国际组织对品牌命名的限制性条款，它们大体相同，但有的也不尽相同。例如世界上大多数国际组织都限制用直接描绘产品信息的词作为商标，但美国《商标法》

则没有这一规定,这也说明了为什么美国能有诸如“Digital(数字）”之类的品牌存在。

总的来说，世界各国的商标法都有下面几种限制，了解它们可以避开命名上的误区，对品牌命名有百利而无一害。

不能使用的名称：

跟本国或外国跟政权有关的一些名称，如国家名称、官方标志、军队名称等。

跟国际组织有关的名称，如“红十字”“绿十字”等。

违反公共秩序或道德规范的名称。

对商品有误导、欺骗性联想或夸大其词的名称。

本商品通用的名称、文字、数目等。

通常用来表示商品类别、品种、性质、来源、原料、用途、重量、尺寸、价值、质量的词汇，也就是说，直接描绘商品的词汇。含有他人姓名、商号、艺名的，但未经其同意的名称。

地理行政区划的名称。

同类商品或相似商品已注册的名称。

5

商标命名应注意的七个问题

仅有好的企业、店铺名称却没有好的商品、商标名称，是难以构成一个完整的品牌策略的。尤其对于从事商品生产的商家来说，更应在这方面多加注意，付出更多努力。商标命名的方法，与企业、店铺的命名既有相通之处，也略有区别。

注重“心理—语言”对商标命名的双重影响

商标命名与企业、店铺命名具有共同的原理，因而商标的命名也可以借鉴企业、店铺命名的方法。

文字商标是商标的主体。在激烈的市场竞争中，为自己的产品拟定一个好商标已成为经营者面临的一道难题，亟须研究者给予理论指导并提供咨询服务。首先，商标命名必须符合消费者心理；同时，商标又是以语言文字为媒介的，因此在形式上又要受语言规则的制约。

因此，商标命名必然要受到“心理—语言”的双重影响，命名时应该对二者予以同样的关注。

在把握了消费者心理之后，选择什么样的语言形式来表现商标便具有了决定性的意义。

有效选择商标命名的语词

文字商标与人名、地名、招牌名、商号、景观名、书报杂志名等一样，都属于语言中的专有名词，都有着特定的指称。

文字商标在语词的选取上可分为一般语词和创造语词。

所谓一般语词，是指现实词汇中已有的语词。

所谓创造语词，是指现实词汇中没有而由命名者创造的语词。例如商标中的“地球”“航空”“曙光”“浪潮”“丰收”“芳草”“联合”“英雄”等，都属于一般语词；“威达”“双乐”“沈飞”“容声”“康佳”“美尔雅”“口维克”等，则属于创造词语，是汉语词库中没有的。

●一般语词的选择方法

文字商标中的一般语词多为实词或实词的组合，大都具有明确、具体的形象或意义，所涉及的词类主要为名词、动词和形容词。根据对商标样本的统计，其中名词居多，形容词次之，动词最少。由实词组合而成的文字商标也很常见，例如“金星”“双喜”“工农”“东方红”“天下秀”“百年乐”“白云边”“少女之春”等。

以单个语词为商标，易传易记，但因为多是词汇中的“熟面孔”，未必能激起消费者的新鲜感；而选用词组做商标，可塑性强，更富于创意，且不易重复。所以，这类商标近年有走俏的趋势，在商标中所占的比重也日益增大。

取材于一般语词的商标，在国外也十分普遍。但与我国同类商标不同的是，国外商标更倾向于使用形容词和短语，例如法国的香水商标“莎基格”意为“惊人的”，美国的女性内衣商标“佛拉拜”意为“动人的”，意大利的家居商标“克维科”意为“神速的”，等等。国外的短语商标不仅数量较大，而且往往具有一种诙谐、幽默的风格。例如英国的雨衣商标“比德来伊”意为“身上干干地行走”，美国的缝纫机商标“克利恩—乌特”意为“按下去”，英国的香水商标“阿戴希基”意为“仅需要勇敢”，美国的台历商标“艾维尔·莱及”意为“时刻准备着”，等等。

值得注意的是，国外商标并不排斥使用实词以外的词类，例如英国的玩具商标“波利埃肃—波来埃”是一个惊叹词，大衣商标“因艾那维特”则为副词。

比较起来，我国商标更倾向于具象性，风格倾向于庄重、典雅，但题材显得狭窄。造成这种差异的既有文化背景方面的原因，也有语言方面的原因。

●创造语词的选择方法

在商标命名中，创造语词近年来迅猛崛起，显示出蓬勃的活力，已成为商标命名者常用的手段。其实，早在20世纪30年代，我国商标就已出现了这种命名方式，以旧上海滩100个知名商标为例，其中创造语词已占8%，例如“绿宝”“双线”等，但并未形成气候。

近年，这种形式的商标得到了较快的发展，势头迅猛，数量激增，似乎已代表了我国商标今后的发展方向。

这种商标命名方式不仅弥补了从现实词汇中取材的不足，而且可以更大程度地发挥商标的区别功能，也更容易注册。

从词汇学的角度来看，这类商标的大量涌现，还可以为汉语构词法提供有益的启示，从而丰富汉语构词理论。在现代社会，人们天天和各种商品打交道，商标和消费者的日常生活息息相关，一些驰名商标逐渐演化为商品的代称。

●务必保持商标语词的独立性

人们在提到某种商品时，常常不说商品的通名，而只呼叫商标，例如“买辆飞鸽（自行车）”“来瓶茅台（酒）”“要一包红塔山（烟）”等等。对引进的国外商标也是如此，例如“可口可乐”“万宝路”等，几乎没有人说“可口可乐饮料”“万宝路烟”。这说明在一定的语言环境中，商标具有由专有名词向普遍名词转化的可能。换言之，词汇库既可以向商标库输出，又可以由商标库输入。

但随之而来的是当商标进入人们日常用语中成为商品代称时，人们将它用作通名是否构成侵权的问题。

“吉普”是美国克莱斯勒公司的著名产品商标，但它作为一种四轮驱动越野汽车的代称，早已进入了汉语词汇库。《现代汉语词典》收有“吉普车”这一词条，并解释为“一种轻便而坚固的中、小型汽车，能适应高低不平的道路”。

为此，与美国克莱斯勒公司合资经营的北京吉普汽车有限公司曾在《人民日报》上发表声明，认为“吉普”商标已在中国注册，根据中国法律，除上述两家公司生产的 JEEP 系列车型和切诺基车型外，其他引用英文“JEEP”在中国公开宣称为吉普车的车型或在公开宣传中引用中文译音“吉普”的做法均属侵权行为，应立即更正。看来，有必要再创造一个新词来代替“吉普”，《现代汉语词典》亦应在该词条下注明为“商标”。

无独有偶，“香槟”一词也碰到了类似的问题。“香槟”（champagne）虽不是商标，只是指法国一种起泡白葡萄酒的产地，但在汉语里已成为某种甜酒的通名。

1989 年，国家工商行政管理局作出决定，禁止在酒类上使用“香槟”字样，因为《保护工业产权巴黎公约》明确规定各成员国有义务保护商品原产地的名称。但时至今日，“香槟”并未完全从我国酒类商品中消失，也未完全退出日常用语。

可见，应严格规范商标的使用，避免其演变为商品的通名，从而成为汉语的一般语词。商标作为专名，无论它怎样千变万化，都只能在词汇系统中保持独立的地位。

注意推敲商标命名的语意

前面谈到，重视语意是有中国特色命名传统的核心要素。

在给企业、店铺命名时，必须遵循这一传统，同样的，在给商标命名时，也必须这样做。

●赋予含义是商标命名的首要考虑因素

悠久的历史文化和长期的命名实践，形成了我国重视含义的命名传统。这一传统沉淀着我们民族的心理特征和语言。所以，当商标在我国出现时，这一命名传统必然也对商标命名产生巨大的影响。不管商标命名是取材于一般语词还是创造语词，甚至是音译国外商标，含义都是首要考虑的因素。

商标命名之所以要重视含义，还有以下两方面的原因：

其一，受汉字表意性质的制约。汉字的表意性质使人们养成了“顾名思义”的心理定势。文字商标是以文字为媒介的，它给人以鲜明的意义印象，可以激活人的联想，所以，一个含义美好的商标可以使消费者对商品产生良好的联想。

其二，受名物训诂传统的影响。人们对事物名称总要追究得名之由，解词释字讲究理据。我国商标之所以较少虚词命名，道理正在于此。商标中那些创造语词，人们尽管不熟悉，但因为语词是实词仍可以索解，消费者对其合理性、接受度会高一些。

力求商标命名符合构词法

文字商标属于词汇中的专名，汉语构词法的规则规范了商标的语言形式，商标命名者必须了解这些规则，并用来指导自己的命名实践。

●商标命名应遵循构词法

文字商标的命名必须符合构词法的规则。商标命名实际上就是选字词，除了词汇库中现成的语词以外，创造性的语词都必须按照构词规则来组合。

近年来，国外流行使用创造语词和没有任何词汇含义的商标，创造的方法是人们自行创设或利用电脑进行字母组合。这似乎是一种随心所欲的游戏，其实不然，这种方式仍具有严格的游戏规则，即必须按照构词法组合，组合后的音节不仅能够呼叫，而且发音要独特、响亮。

就汉语词法而言，命名的规则就体现在音节形式方面、结构形式方面、外来语转化方面和词语缩略方面。

●音节简短是古今中外商标命名的通则

现代汉语词汇以双音节词为主要音节形式。

据吕叔湘研究，《普通话三千常用词表（初稿）》①中收录名词1621个，双音词为1379个，占85%；形容词451个，双音词为310个，占69%；动词941个，双音词573个，占61%。这三类词都是双音节形式占绝对优势，其中又以名词为甚，比例最大。

我国商标也具有双音化的特点。一般来说，我国商标名称由1～4个音节构成，其中又以双音节最为常见，其次为单音节和三音节，四音节最少。

以《中国消费者报》1992年11月陆续刊出的1332个知名商标为例，文字商标1252个，占全部商标的94%。其中单音节商标占3.8%，双音节商标占80.3%，三音节商标占14.5%，四音节商标占1.4%。

双音节商标为什么会受到命名者的青睐？

首先，这是汉语构词模式对命名者和消费者所造成的语言心理影响；

其次，由于汉语修辞习惯的影响，由两个音节构成的词语，往往节奏明快，清晰响亮，便于呼叫。

再次，两个音节的商标，信息容量较为适中，其区别功能发挥得恰到好处。我国商标从产生的时候起，就奠定了双音节的基本形式。这是因为商标形式必须要与语言形式同步，在宋代口语中双音词已占有一定优势。而商标面向的是广大消费者，命名者必然会采用“大众化”的语音形式。

---

①中国文字改革委员会研究推广处.普通话三千常用词表(初稿)[M].北京：文字改革出版社，1959.

尽管我国商标现已有多种音节形式，但消费者出于习惯，常常将四音节商标简称为双音节，或将单音节商标扩充为双音节，总之，是向双音节靠拢。例如将“可口可乐”“三星海霸”“琴岛海尔”分别称为“可乐”“海霸”“琴岛”等等。对于单音节商标，通常要加上“字”“牌”或类名，例如“丽”字眼镜、“锋”牌西装、“郎”酒等。

国外商标也崇尚音节简短。据维尔克曼①的调查统计，大多数商标一般由 5 ～ 8 个字母组成，由 3 ～ 4 个字母组合的商标亦不少见。可见，音节形式简短是古今中外商标命名的通则。

●偏正结构是中国商标命名的主流

在现代汉语词汇中，根据其内部结构形式的不同，可以划分为单纯词和合成词两类。由一个词素单独构成的词，就是单纯词；而由两个或两个以上词素构成的词，则是合成词。

我国商标中的单纯词和合成词数量不是很多，一般都来自汉语词库，而较多的则是词组或短语。

商标中的词组或短语，其构成方式与词语基本上是一致的，都可以分为联合式、偏正式、述宾式、主谓式和述补式五种类型。例如“白丽”“宏达”“嘉美”“安舒”“松鹤”“义利”“美加净”“黑又亮”为联合式；“大宝”“金鸡”“三星”“虎头”“银箭”“飞龙”“小霸王”“青春宝”“少女之春”为偏正式；“咏梅”“寒马”“迎晨”“汇雨”“得贝”“洁尔阴”“甲天泉”“远航九江”为述宾式；“鱼乐”“皇封”“燕舞”“浪奇”“万家乐”“百事达”“脉络宁”“狗不理”为

① [荷] 克斯帕尔·德·维尔克曼. 商标——创造、心理、理解 [M]. 北京：北京经济学院出版社，1991.

主谓式；“乐久”为述补式。

据抽样统计，我国文字商标多数是偏正结构，其次则是联合式，主谓式、述宾式较少，述补式几乎没有。

表 3-1 是对北京市 1992 年公布的 238 件参评著名商标的分析[①]。这 238 件商标除去单纯词、外文、拼音字母等，还有 124 件商标，基本上都是合成词、词组或短语，它们的结构形式统计结果也印证了上述结论。

表 3-1 1992 年北京商标汉语语言结构比例表

结构	联合	偏正	主谓	述宾	述补
数量	23	82	2	17	0
比例	18.5%	66.1%	1.6%	13.7%	0

●转译外来商标必须遵循嫁接原则

外来语是异国文化的使者，是汉语同其他民族语言相互接触的产物，汉语吸收外来语的历史可以追溯到汉语形成时期。

在长期引用外来语的实践过程中，逐渐形成了转译的原则。主要表现在两个方面：一是音意兼顾的原则，即在音译时兼及表意；二是双音化的原则，使外来语符合汉语词汇的形式特点。

商标译名也必须遵循这两个原则。在转译国外商标时，一是采取纯粹音译的方式，如“Johnson（庄臣）”“Sony（索尼）”“Pierre Cardin（皮尔·卡丹）”等；二是采取音意兼顾的方式，即保持原名的读音，又带有中国人便于理解的含义，这种形式的译名商标最为常见。20 世纪 20 年代，“Coca-Cola”

①来源：《北京日报》，1992 年

饮料初引入我国时，曾被译为“口渴口腊”，后又改为“福口乐”“辣药水”等，结果根本无人问津。Coca-Cola 公司特意登报征名，最后，一位留英的学者的译名被选中，这就是“可口可乐”。此名一出，立刻被中国消费者接受，这种舶来品的销路也随之打开。

另外，对于译名商标还要注意音节形式的长短，一般不要超过四个音节，以双音节为最佳模式。

1994 年北京天华科技开发公司在为国际服装名牌“WOODS&GRAY”征集中文译名时，特意注明“译名不超过 4 字”，可谓深得转译要诀。对于一些音节较长的国外商标，必须压缩音节，尽量照顾到汉语词汇双音节的特点，例如“Flora（芙露）”“Golgate（高露洁）”“MicroPower（迈普）”等等。

近年来，音意兼顾、形式简洁的译名商标很受消费者喜爱，主要是由于这类商标既带有显而易见的洋味，又符合中国商标的称呼语传播习惯，称得上是中外语言的一种成功对接。

●采用缩略形式给商标命名的利与弊

缩略语是词组或短语的简缩形式，它的产生和使用是为了适应社会生活的快节奏，是对汉语构词法的一种补充。

缩略语一共有 5 种缩略形式，即：两个或两个以上并列的附加成分共用一个中心词，如“离退休”“高中低档”；两个中心词共用一个附加成分，如“洋烟酒”“师范院校”；数字概括中心词，如“五讲四美三热爱”；抽取词组或短语的主要部分，如“知青”“体校”“环保”；直接搬用外语简称或采用音译简称，如“CT”“托福”。缩略语省略了词组或短语的次要部分，保留了主要部分，所以并不影响信息的传递，而且形式上显得简洁明快。

我国商标中也有为数不少的缩略语，这些缩略语大都是企业名称的简缩。

将企业名称的简缩形式用作产品的商标，既标明了商品的来源，又宣传了企业形象，可收一箭双雕之效。

有些企业的文字商标是以企业名称为素材的。这类商标主要采用抽取企业名称中主要部分的方式，较常见的是企业简称，例如“北内（北京内燃机总厂）”“上儿（上海儿童食品厂）”“天起（天津起重设备总厂）”等等。此外，还有直接采用企业名称的汉语拼音简写或外文简称的，例如“LYC（洛阳轴承厂）”“ZWZ（中国瓦房店轴承厂）”“DC（大连柴油机厂）”，等等。

这类商标固然有明显的优势，但也有明显的不足，主要是形式呆板。例如制药厂的商标偏好用“药”，常见“上药”“川药”“鲁药”；柴油机厂的商标偏好用“柴”，常见“玉柴”“常柴”“河柴”，不易激发美感。如果能在文字上稍作一些变化，结果将大不一样。

例如同是生产锅炉的，四川乐山五通锅炉厂商标是“川釜”，河南沁阳锅炉厂的商标是“沁锅”，前者就比后者显得雅致。又如江苏盐城无线电总厂生产的“燕舞”音响，“燕舞”谐音“盐无”，藏而不露，颇具匠心。

掌握商标命名的语音搭配技巧

文字商标的传播一方面要靠媒体的宣传，另一方面要靠消费者口耳相传。这就要求在命名时既要注意寓意，还要注意读音。一个好的商标，必须呼者顺口，听者顺耳。鲁迅先生在谈到给孩子起名时，曾提出过读音响亮、好听、易于传播的主张。商标命名也是如此，这就要求命名者了解并掌握汉语语音的特点。

●选用平声字能强化商标的传播力度

在进行语言交际时，说者必须说得清楚，听者才能听得明白，这就要求发音响亮，抗干扰力强。

要使商标名称达到这要求，可以利用汉语语音自身的一些规律。譬如汉字中以平声字为多，“平声平道莫低昂”，平声字发音悠长，清晰易辨，不易失真，传播效果较好。

在进行商标命名时，如果我们能有意识地利用这一点，充分发挥平声字的优势，就能强化商标的传播力度，即达到方便消费者口耳相传的目的。

●如何选择发音响亮的字

发音响亮的字一般以“开口呼”[①]为多，例如商标中的“发达”“四通”“华光”“康佳”等，发音响亮，如喷金吐玉，给人以开朗、明快的感觉。

相反，商标中的“余固”“滋怡”“绿曲”“富裕”等，韵母多为合口呼或撮口呼，发音比较低沉、晦涩。

国外学者曾对四大类1430个商标做过统计，其中字母“a”和“e”出现的频率明显高于其他字母，说明发音响亮乃是商标命名者们共同追求的目标。

但是，发音响亮而又适用于商标名的字毕竟是有限的资源，如果争相取用这些热门字，必然导致商标的近似，从而大大削弱商标的区别性。商标贵在出新，对一些热门字要谨慎使用，实在不愿割爱，也应注意与其他字的配合，使商标含有新意。

---

① “开口呼”是音韵学术语。按照韵母开头元音发音的口形，把普通话韵母分为开口呼、齐齿呼、合口呼、撮口呼四类，简称“四呼”。根据《普通话韵母总表》，韵母不是 i、u、ü 或不以 i、u、ü 起头的韵母，称为开口呼。当 i 和 z、c、s 或者 zh、ch、sh 拼的时候，也属于开口呼。

●如何做好声、韵、调的搭配

在声、韵、调三要素中，声调的抗干扰力最强，韵母次之，声母最弱。声母多为辅音，发音短促，声带不振动，故传播效果差；韵母都是元音，声带振动，发音悠长，故传播效果好。

声母的不足，是可以通过声母与韵母的配置加以弥补的。商标大都是双音节，两个字的声母应有较明显的区别，如果声母相同，就应使韵母有较大的差异。有时还可以有意运用这一规律，使商标的两个音节构成双声和叠韵[①]的关系，于整齐中求变化，也会在呼叫和传播时产生较为满意的效果。

例如商标中的“国光”“新星”“黄鹤”“碧波”是双声，“高宝”“康强”“碧丽”“辉瑞”是叠韵，都是比较理想的搭配。

声调的搭配也有讲究。现代汉语有阴平、阳平、上声、去声四个声调，不同声调的错杂相间，可以产生一种抑扬顿挫、悦耳动听的音乐美。如果几个音节都是同一个声调，就显得呆板平直，缺乏变化。

在这方面，双音节商标表现得并不突出，但三音节的或四音节的商标更要讲究平仄搭配了，否则呼叫起来就觉得有些拗口。

●如何克服方言的影响

我国人多地广，语言复杂，有些商标带有明显的方言色彩，用方言来读，可能会有较好的效果，但如果用其他方言或普通话来读，这种效果就大打折扣，甚至完全丧失。

例如毛巾商标“414”牌和“717”牌，用上海方言和闽南

①双声，指的是两个字的声母相同；叠韵，指的是两个字的韵母相同。

方言来读，分别为“试一试”和“撩一撩”，含蓄地暗示了商品的特点。这对上述两个方言区的消费者来说，不难体会到商标命名者的用心，但对更大范围的消费者来说，这两项商标不过是两组数字而已。商品的流通范围是广大的，所以商标命名应尽量摆脱方言的影响，使商标的适应性更强。

以上我们从四个方面探讨了文字商标的语言基础。

我国现在的商标虽然数量巨大，但真正能让人过目不忘的成功之作却不多，其中一个重要原因就是对商标的语言特征不够重视。商标命名的原则是好认、好读、好记、好传，以达到顺口、顺耳、顺眼、顺心的目的，而这一切都与语言有密切的关系，再好的创意也要用语言文字来表现。“为人性僻耽佳句，语不惊人死不休。”商标命名，也要学习诗圣杜甫写诗的那种精神，要提高商标的质量，命名者必须下“炼字”的功夫，精心构思，反复推敲，用精彩的语词去锻造一个响亮的商标。

让商标走向国际化的良方

真正的名优产品并不局限于在本国内销售，企业总希望把产品推向国际市场。为了让名牌产品冲出国门、走向世界，赢得全球消费者的了解和喜爱，就需要使之在所销售的国家拥有一个好的译名。好的译名应力求音义俱佳和力避别国禁忌。

●符合音义俱佳

要尽力求得翻译出来的商标名称在音节和词义上双双达到最佳境界。

“信、达、雅”这三个字是我国外文汉译公认的完美标准。在我国商标翻译成外文商标时，也应遵循这个标准。

当前，国际上商标名称的命名正以有音无义的“组词商标”为发展趋势之一。字母可以随意组成单词，字母与发音存在联系，音发出了，词也就记住了，并不在意其中有无含义。

汉语则不同，人们用字组词，字与字的组合能生出许多含义来，这些含义有助于人们记忆词语。

法国莱雅集团生产的一种名牌护发素，法文商标名称发音是“埃勒塞伏”，译成中文商标则为“爱丽西施”。西施是我国家喻户晓的古代四大美女之一，西施再“爱美丽”，美上加美，岂不更美？使用这类绝妙的商标名称，使该名牌护发素在中国市场很是走俏。

瑞士以出产名表而著称，许多名牌手表的商标译成中文也很讲究，如“爱彼”“卡天龙”“帝宝”“绮年华”“非凡”“积家”“浪琴”“艾美”“劳力士”“雷达”“天梭”“梅花”等。其他一些外国名牌产品的中文商标名称，如“万宝路”“雪铁龙”“美能达”等，也都是相当不错的译名。

有时商标名称表意含糊一些也并不比明确其意义的效果差。“西铁城”含义不明确，却异常醒目，“CITIZEN”在港台等地被译作“星辰”，可谓既明确又优美，但却总不如“西铁城”，想必是缺乏创意的缘故。

译名还要注意通俗化，德国名车“BENZ”在香港译作“平治”，据说典出《论语》，很典雅，可未必有大陆所译“奔驰”来得爽快贴切。

近年国内出现了“洋名热”。许多厂商争相用外文译音作汉字名称。但有些名称却洋化得连中国老百姓都看不懂了，就起到了反作用。

●力避别国禁忌

要尽力避免翻译出来的商标名称触犯销售国家和地区的民族忌讳。

由于政治、宗教、语言、风俗习惯等各种原因，某些在地区叫得很响的商标，在对外贸易中却出尽了洋相。

通用汽车公司出产的雪佛兰“Nova”（诺瓦）牌汽车，是“新星”的意思。而在拉美国家通用的西班牙语中，“Nova”的意思是“不走”，“不走”的汽车销量自然不会太好。

选择商标名称的常用方法

商标名称的来源甚广，一般说来，在选择商标名称时，可以通过以下几条途径去选择。

●借用公司和企业的名称

一般用作营业商标。这种以企业名称命名的商标，突出了商品生产者的字号和信誉。

如“同仁堂”（中药厂名）、“内联升”（鞋厂名）、“荣宝斋”（书画店名）、“红都”（服装厂名）、“星光”（机械厂名）、“五燕”（针织厂名）等等。

外国企业宣传介绍的商标，多是用公司或企业的名称，如英国B.P石油公司的商标就是“bp”，比利时优西比制药公司的商标名称就是“UCB”。

●选取动物、花卉的名称

这大都是商品商标的名称。用形象美好的动物、花卉名称力求引起人们对商品的注意与好感。如“金鸡”牌（闹钟）、“茶花”牌（云南白药）、“虞美人”牌（香烟）、“伊里兰”牌（羽绒服）等。

有时一个商标名称，可以是两种或两种以上的花卉、动物名称的组合，如“梅菊”牌（棉毛裤）、“猫蝶”牌（男女上装）、“松竹梅”牌（脱脂棉）等；有时还可以是一种动态或情态的组合，如“蝶恋花”牌（服装）等等。

由于这些东西为我国人民所喜闻乐见，在我国这类商标名称最多见。

●选取生产用品的名称

用人们所熟悉和珍爱的生产用品命名商标，也能起到便于人们认识和记忆的作用。

如“金轮”牌（茅台酒）、“纹章”牌（服装）、“盾牌”（汽车轮胎）、“风筝”牌（面粉）、“羽扇”牌（服装）、“双铃”牌（腈纶衫裤）、“古剑”牌（腈纶薄绒衣裤）、“玉环”牌（自行车内胎）、“金环”牌（电缆）等。

●选取常见景物的名称

用人们熟悉的、优美的景象来命名商标，可以引起人们对商品的倾慕感。

如“宝塔”牌（尼龙拉链）、“古城”牌（包装袋）、“塔桥”牌（绣花女衬衫）、“湖光”牌（日光灯镇流器）、“竹月”牌（绣花女衫）、“天坛”牌（男衬衫）、“长城”牌（风衣）、“霓虹”牌（帽子）等。

●选取寓意吉祥的词语

一般多用在礼品、娱乐用品及其他消费品的商标上。这种名称抓住人们想要实现心愿的心理，引起人们对商品的好感。

如“双喜”牌（塑料花）、“康福”牌（针织品）、“红双喜”牌（乒乓球）、“富”牌（香烟）、“吉利”牌（卷烟）、“顺风”牌（男衬衫）、“万事利”牌（丝绵衣）等。

●选取常用的褒义词语

一般也用作商品商标，以褒义引起人们对商品的好感。如“银辉”牌（电缆）、“兴旺”牌（电线）、“明珠”牌（女装）、“神眼”牌（警报系统）、“玲珑”牌（轮胎）等。

●使用自创的新词汇

自创词语在国外既可用作企业商标，又可用作商品商标。它以其不含意思的词语打破商标名称表意的惯例，十分引人注目。

如美国乔治·伊斯曼创造了没有含义的“Kodak”（柯达）这个词语，来做他们主产的照相器材的商标名称，现在则广为人知，且这种商标名称不易重复。

在我国过去也有用不表意的汉字来做商标名称。上海广生行出产的各种香水，诸如茉莉香水、檀香水、桂花香水、含笑香水、素心兰香水等就使用“双妹嘿”为商标。“双妹嘿”这个商标名称，当时还颇为引人注目，后来则成为了名牌商标。用自创词语命名的商标，从数量上说，是不多见的。

此外，商标名称还有选自外语（特别是英语）音译的，如“磺胺”“阿司匹林”“西铁城”“雪佛兰”等；也有选自阿拉伯数字的，如“555”“606”等等。在此就不一一介绍了。

选择商标名称应遵循的原则

选择商标名称的自由度尽管很高，但一般说来，应遵循以下几条原则。

●思想健康

选择商标名称一定要避免那些思想不健康的词语。

在旧中国，曾经有什么“美军”牌（卷烟）、“洋女人”牌（酒），还有“野女郎”“交际花”等有辱我国尊严的品牌；还出现过像“马上封侯”“郭巨埋儿”等名称。我们要彻底摈弃这些思想污秽的词语，选择那些同健康、光明的社会相称的词语来做商标名称。贬义词一般也不要用。

●不落俗套

选择商标名称时，应避免使用同类商品已经使用过的或者音义相同、相近的商标名称。就是不同类商品，一般也以不用相似的名称，尤其是与名牌产品相似的名称为好。

过去我们曾有过赶时髦的命名风气。有段时间熊猫很时兴，大家都想用它做商标名称，结果“熊猫”的牌子满天飞。还有，美国的“可口可乐”饮料已享誉世界，不少国家的饮料名称也模仿命名，取名叫“幸福可乐”“爱的可乐”等等，我们也有一个“崂山可乐”，还是未脱别人窠臼。纵使新制的饮料质量过人，消费者也很可能把它当作是“可口可乐”的支系或仿制品。商标名称最好选用人们易于理解但又未曾用过的名称。

●简短顺口

为了达到易记易读的效果，商标名称一般用两个字为好，最多不要超过三个字，太长了不方便记忆。

如“凯歌”（收音机）、“飞跃”（电视机）、“白兰”（洗衣机）这样的词语就很简短、顺口。还有些译成汉语的外文名称，不但要注意音译准确，还要表意相当。如“BENZ”译为“奔驰”就比“奔斯”更具有表意的内容；“BANGBANG”译成“缤缤”就又好读，又能唤起人们对于色彩美感的联想。出口产品商标在把中文名称译成外文时，也要同样注意这个问题。

●巧用寓意

商标不能直接表示所指商品的形状、质地，但又不能远离商品本身属性。选择商标名称，一定得精心推敲，找出那些含义精妙的词语。

如日本“三菱”牌汽车商标，这个名称能促使消费者领会到汽车的质量可靠。我国“回力”牌球鞋的商标名称，会使消费者意识到球鞋的弹性很好。

把意义溶入名称当中，需要反复推敲才行。

我国语言习惯中还有喜用双关语的风气，如用“鹊梅”作名称，人们马上会想到“喜上眉梢”的寓意。

●注重消费心理

世界上各国、各地区的喜好、禁忌不一样，商标的命名要充分考虑商品销售地区人们的生活习惯和心理特点。对于人家难以理解或容易产生误解和歧义的词语，或当地人民禁忌的词语、不喜欢的事物，一定要在出口商品商标命名时悉心研究，坚决避免。并尽量选择商品主要销售地区人民喜闻乐见的名称。

例如“芳芳”牌化妆品，“芳”的拼音是“FANG”，英语中有“毒蛇的毒牙”的意思，英国人看了是不会有好感的，甚至会令人感到恐怖。像这样的名称用在出口商品商标上就不合适。

出口商品商标的名称，用拼音和译名时一定要考虑到外国人对它的理解和反应，绝不能主观行事。

●利用总商标带动系列商标

生产系列产品的企业，在使用信誉较高的总商标的基础上，根据产品的类型、档次、销售地域和对象，选择使用同一个产品商标，是利用企业总商标的知名度和信誉来带动产品商标、创建信誉的一种策略。

这种商标使用策略，在国外早已流行并得到推广，在我国也被一些大型企业所采用。

这样做，不仅可以使企业总商标和产品商标的信誉同步提高，而且会使企业拥有更多的知名度较高的商标，增强企业的竞争能力。

文化内涵命名

WENHUA NEIHAN MINGMING

1 大厦命名

随着经济的发展，我国城市化进程不断加快，许多格调高雅、环境优美的住宅区和高大建筑群如雨后春笋般涌现，但这些高楼大厦的命名却出现了一些情况，聊举几例，引以为戒。

目前存在的问题

●通名求大

通名的求大，是要在通名的使用上显示企业的规模庞大，从而在心理上产生“非我莫属”的优势。“公司”“商店”等一般用语，在日渐膨胀的求大趋势中，似乎已失去了吸引力。公司是否能变更为“集团”，有相关的法律上的规定。有家不够资格成为集团的公司就把名称命名为“托拉斯”（商业信托、垄断的高级形式），似乎托拉斯能使公司的身价更高。“商场”的名称似乎是在不知不觉中产生的，而后是“商厦”，再后来是“商城”（广场）。总的来说，商店—商场—商厦—商城（广场）这一命名求大趋势与商业经营范围不断扩大是相应的。但像上海市第一百货商店和北京王府井百货大楼并没有跟随这一潮流而改为“商城”。与此不同的，还有一种纯粹反映经营者求大心理，与经营规模无关的命名，如“中心”“总汇”“世界”等等。娱乐中心、娱乐总汇、娱乐世界、美食总汇，听起来很大，但实际情况并非如此，往往会起到适得其反的效果。

以往，我国城市大厦的通名主要以“大厦”“大楼”为主，成片住宅区通名多以“小区”“新村”“公寓”为主。20世纪90年代以来，因受港台文化影响，我国许多城市的大厦多被称之为“广场”“花园”“中心”“城”等。有些人认为：这些通名与我们原来所理解的词义相去甚远。如“广场”原指城市中广阔的空地，像天安门广场等，但把综合性的办公大楼称为“广场”，就名不副实了。又如“花园”指种植花木供人游玩休息的场所，但几栋大厦周围有一些花草树木的空地，亦称为“花园”，便值得商榷。这些令人费解的名称在我国许多大城市有愈演愈烈之势，有的还称“世界”“宝都”“天厦”的。而另一些人士则认为：如果大厦或住宅区整洁美丽如花园，那就称“某某花园”有何不可？深圳市的宁水花园、怡景花园、天景花园、荔泉别墅、松泉山庄、听涛小筑、华强客舍、红岗公寓、金碧苑、贝玲居等等命名，可谓别具匠心。无论专名还是通名，既实用又文雅，具有较高的审美价值，为深圳市增色不少。这些“花园”“广场”“别墅”“山庄”“公寓”“客舍”“苑”“居”等崭新的大厦通名，较之以往那些单调而千篇一律的“大厦”“大楼”“新村”等名称，高下立判。对这种大厦通名五花八门的现象是褒是贬，社会各界都没有定论，还需深入探讨。

●专名求大

专名求大，一是范围之大，远远超出了中国、亚洲乃至地球，命名为“太平洋”“大西洋”“银河”“巨星”“星座”的也已出现。二是口气之大，商家偏好各种尊贵的名称，因此用“帝”“皇”命名似也成为一种趋势，如“金帝”“帝豪”“帝景花园”“皇朝”“皇记”“皇冠”“皇宫”“皇后”“皇家玫瑰园”，都被用作酒家、娱乐场所乃至公司名称。“海王”“大王”“天王”也很有“市场”。三是野心之大，口气之横，其代表就是一个“霸”字频繁使用。如“海霸”“天霸”“巨无霸”“小霸王”“超霸”等等，大有傲视一切、垄断一切的气势。“霸”字之外还有“豪”字：“帝豪”“金豪”“大富豪”“豪园”“豪门”等。其次是“冠”字，如“冠申”“金冠”“皇冠”等。此外还有“大亨”“绅士”“名流”等。

●大厦名称有待美化

随着城市建设的飞速发展，高楼大厦同其名称一起成为城市的一大重要旅游资源。大厦名称如何，反映了一个地方的文化水准和审美水平。例如天津市的大厦名称可分为以下几类：一是以单位名称命名，如“华联商厦”“今晚报大厦”“华信大厦”等；二是以所在地地名命名，如“滨江商厦”“白楼商厦”等；三是以其功能命名，如“科技大厦”“国际大厦”“塘沽商业大厦”等；四是以江河湖海、地理方位命名，如“东海商厦”“北方大厦”等；五是以世界名建筑命名，如“凯旋门大厦”；六是以吉庆词语命名，如“吉利大厦”“富裕广场”等。另外有企业不重视大厦的命名，简单地以本单位的名称、简称作为大厦的名称，现已出现了“钢管大厦”“华北有色大厦”和将要建成的“钢铁大厦”“中药大厦”“石油大厦”等。如果我们不注意大厦名称的美化，也许就会出现“废品大楼”“副食大厦”“果品大厦”等不雅的楼名。

●楼名洋化

各地建筑的命名不仅存在通名五花八门的问题，也存在专名洋化的趋势。企业用外国城市名称或英文的译名来命名大厦。如上海的“罗马花园”“威尼斯花园”“亨纳斯花园”，还有“胜康斯米克大厦”“福克斯大厦”等令人不知所云的名称。如北京的“梅地亚中心”“燕莎友谊商城”“赛特购物中心”“诺亚商城”等等。改革开放之后，人们敞开心胸吸纳外来的新鲜事物，也有部分人因而产生了崇洋心理。为了迎合这部分消费者的心理，同时也是经营者自我心理的反映，于是洋名热应运而生。这股大厦命名的“洋风”有几种表现：

真洋名

这往往是三资企业[①]，特别是外国公司的中国子公司或连锁店，如希尔顿（Hilton）、香格里拉（Shangri-la）、贵都（Equador）、麦当劳（Mcdonald）、肯德基（Kentacky Fried Chicken）、哈得盛（Hudson）等。这种洋名其实是经过翻译的，通常是音译，尤以日本电器公司使用为多，如松下、日立、三洋、夏普等。

假洋名

使用真洋名的是真正的三资企业。有些公司没有这个条件，却想取个洋名壮壮声势，怎么办呢？只要不跟外国公司或商号同名，不违反商标法，也未尝不可。例如在上海，“巴黎”“威尼斯”“波士顿”“伊甸园”“枫丹白露”“好望角”“银座”“东瀛”，以及“莎士比亚”“伊丽莎白”“戴安娜”“蒙娜丽莎”等，都有人用作店铺的名字。

仿洋名

中国人翻译外国人名习惯用音译，经过长期的实践，逐渐产生了一些翻译外国人名的常用字，如娜、娅、茜、莎、莱、菲、蒂、萝、莉、妮、斯、伊、蓓、嘉、迪、奥、维、克、斯等字。把这些字拼凑起来，有时会组成像洋名的词组，例如蕾

---

①三资企业是三种中华人民共和国法律容许的境外资本经营模式的简称，是中外合资经营企业、中外合作经营企业、外资企业三类外商投资企业的统称。

茜、梦娜、蓓蒙、奥迪斯、妮丝、萝娜、妮维塔、莱娜、莎菲、嘉斯特、维登、梦莎等等。这类名字叫作仿洋名。人们经常会见到这类招牌，但从其商铺装潢及经营服务，都看不出与国外有什么联系。取洋名也得结合各自的经营特色，否则光在名字上打转，名不副实，就会弄巧成拙。

译洋名

有商家想取一个中文的店名，会先选一个英语单词，再从英语音译成中文。这样的命名方法，称之为“译洋名”。这是近几年命名的最新潮流。从来源上说，也许是受到了四通公司名称的启发。“四通”字面上既寓意“生意兴隆通四海”，其英文名“STONE”又表示公司坚如磐石，是一个很好的双关译名。先想好英文，再译成中文的佳名案例是“稳得福烤鸭店”。它是先找好了一个英文单词“wonderful（妙极了）”，再译成汉语，在翻译时注意了汉字的巧妙搭配，结果确定为“稳得福”三字，符合传统的汉语命名心理，妙语双关。多数的译名却没有这样巧，往往只能顾及英文，无法兼顾汉译，虽然洋味十足，顾客却难解其意。这种取名的过程是，先找一个英语的“佳词”，一般是熟词、小词，以便容易被人猜出，再译成汉语。如“好莱坞(Hollywood)”“喜乐(Cheerio)”“雅戈尔（Younger）”等。

●楼名音近，通名重叠

通过对福州市大厦名称的调查发现，有一些大厦名称语音相近，如“天福大厦”和“天鹜大厦”，“晚香楼”和“满香楼”等，使用起来难以区别。据不完全统计，福州市以“花园”为通名的有60余处，以“广场”为通名的30余处，以“新村”为通名的更为普遍。其中有些大厦的通名重叠使用，如“新都会花园广场”，就同时使用“新都会”“花园”“广场”三个通名。厦门“台湾通商大厦广场花园”也是使用“大厦”“广场”“花园”三个通名。更有甚者，还有将专名、通名混用，如“新都会（通名）财经（专名）广场（通名）”，五花八门，比较混乱。

命名对策

如何解决以上在大厦命名和管理中存在的问题呢？我们认为应注意以下几个方面。

●严格按照国家和地方的相关法规办事

要真正管理好大厦名称，必须切实以国务院颁布的《地名管理条例》和各省市的地名管理办法为准绳，严格依法办事，对各种违反地名管理法规的行为决不能放任自流，一定要令行禁止。各地的有关管理部门应完善地方地名管理办法，将大厦名称的管理纳入地名管理范围。

●把地名管理纳入政府行政管理内容

由于目前个别地方的地名管理与大厦项目的立项、规划、用地、产权登记、工商注册等的管理严重脱节，造成大厦名称的管理基本上没有真正成为政府行政管理链条上的一环。要使大厦名称管理真正得到各方重视，就必须把大厦名称管理明确纳入地名行政管理内容。一些地区把地名工作主管部门设在国土规划或规划测绘的政府行政主管部门中，使这一问题也能得到解决。但全国大多地名工作主管机构都设在民政系统，在具体管理上有一定的难度，这就需要地名工作者广泛宣传，争取市领导的支持。

●注意原则性与灵活性的统一

随着我国经济快速发展，中外经济文化交流增加，在大厦名称的管理上也应正确处理各种新情况、新问题。如新出现的某些新通名和名不副实的情况，像“广场”“城”“花园”“中心”等大厦名称该如何处理？对带有“洋味”的名称又该怎么办？对这些问题不能一概而论。对明显有悖地名法规的名称，如用外国人名、地名来命名大厦，明显带有反动色彩、妨碍民族团结、宣扬封建迷信等大厦名称应坚决禁止使用。对与地名法规没有明显冲突、但又不太符合实际的大厦名称应该区别对待，例如对“广场”“城”“花园”之类的通名，社会公众对此确实有一个接受的过程，但基本上还是认可的。

●命名大厦的基本原则

第一，在一定区域内禁止重名、同音，以方便社会交往，保护专有权人的合法权益。

第二，恰当选用通名。要求做到名副其实，并体现层次。广东、上海等地已专门行文，对“大厦”“广场”“村（新村）”“花园”“园（苑、庄、阁、寓、宅）”“别墅”“山庄”“城”“中心”等10种通名的适用范围和标准作出了明确的、量化的规定，操作性极强，有利于纠正通名运用上的混乱，值得推广学习。

第三，专名的命名要符合地名管理法规的有关规定，体现社会主义核心价值观。要求选词恰当，体现特色。减少使用外国人名、地名、公司名等洋名命名，禁止以名称宣扬封建意识，以彻底根除建筑物名称中的精神污染。

2

景园命名

景园命名的特点

无论古今中外，园林都是表现美、创造美、实现美的景观艺术环境。“景”是风景园林的重要构成，天然山水景观和人为建筑布置组成的一个个具有欣赏内容的单元。“景”的价值在于包括多种含义的美学价值。景园命名艺术就是一个对“景”的创造、理解、欣赏、情景交融的过程。

景园命名艺术与中国园林发展史相伴，它是园林艺术的重要组成部分。

汉武帝时代的上林苑，“上林苑门十二，中有苑三十六，宫十二，观三十五”，规模宏大。建章宫是其中最大宫城，“其北治大池，渐台高二十余丈，名曰太液池，中有蓬莱、方丈、瀛洲，壶梁象海中神山、龟鱼之属”。宫囿中的每一处景观、建筑均有主题与命名。在南北朝，大量的私家园林和寺庙园林也经营了起来。这一时期的文人雅士厌烦战争，玄谈玩世，寄情山水，风雅自居。他们对景吟咏，开展了不少景园命题方面的游戏活动，以抒发自然情趣为主题的田园诗和山水画就在这个时期兴起。隋唐的造园艺术进入一个新阶段，华清池、曲江池、辋川别业，此时的命名偏好风雅高洁，将诗情画意融贯于园林之中。两宋时期所造之园多以山水画为蓝本，诗词为主题。文人画家参与园林设计，经文人画家着意经营的中国园林艺术达到了妙极山水的意境。其代表有如宋徽宗赵佶建造历史上著名的大内御苑“寿山艮岳”。

古代的贵族文人挥毫奋书题咏，建筑、美景美名与神奇故事交相辉映，使景园的命名更富情趣。古时洛阳的时令花展，常吸引“城中士女绝烟火游之”，可谓名目繁多，尽得风流。盛唐的“骊山晚照”“曲江流饮”等“关中八景”，形成于南宋时期著名的“平湖秋月”“断桥残雪”等西湖十景，至今依然闻名中外。与此同时的岭南惠州西湖也有著名的十四景名。

城市山林，遍及全国，所建之园处处有景名，景景有画意。圆明园 108 景群，避暑山庄 72 景，景景各异，竞秀争奇。乾隆皇帝是最热心于为景园咏题书匾的。园林艺术成就最高的江南私家园林，园名景名似乎也有“以少获多”的效果。狮子林有 16 主景，仅假山洞景奇异的就有“桃园十八景”之称。

有关景园题名礼赞的故事还可见于历史文献、小说作品。崔颢、李白题咏的黄鹤楼，王勃挥毫的滕王阁，范仲淹颂唱的岳阳楼，都是流传千古的佳话。为发现黄山第一险之景——天上都会的“天都峰”，明代旅行家徐霞客“至天都侧，从流石蛇行而上。攀草牵棘，石块丛起则历块，石崖侧削则援崖”的开拓精神，令人赞叹。《红楼梦》中“大观园试才题对额”一回专门描写了众多剧中人点景命名的活动场面。

由于文化传统的不同，西方对自然风景园林的题咏活动开始得较晚。西方注重的是人体美、社会美，有别我国题咏评赏景园的文化。

风景名胜区的景观名称有如画龙点睛的作用，使本来就引人入胜的景致生出了许多情趣。这正如《红楼梦》中所云：“偌大景致，若干亭榭，无字标题，也觉寥落无趣，任有花柳山水，也断不能生色。”由于中国的山水文化是一种人文文化，因此人们对山水景观的命名就不满足于西方那种“这是什么”，而要求把人以及人的情感放进去，追求一种情景交融的最佳汇合点，既要命名者自身情感的流露，又要能使他人触景生情，引起共鸣。

汉语的特点为命名提供了最佳的材料。与西方的语言文字相比，汉语语言文字有几个最突出的特点。一是方块字，便于创作几何图形的组合，可以竖写，也可以横写；可以用单个或多个字排列组合，以适应不同题材的需要。二是没有形态，既没有词头词尾的烦恼，也没有冠词、介词的累赘；实词的词性不固定，组合灵活，功用多变，一字可以表意，二字可以成句，三字四字可以表达极丰富的意义。这种简洁性对园林景点的命名特别重要。三是特别富于形象，汉字由象形文字演化而来，有的汉字可以从形象看出意思，如哭、笑、火、竹等。这些特点跟西方语言比起来不一定全是优点，例如有时不够精确，歧义较多等。但对于特别要求简练含蓄的命名，汉语似乎最为合适。汉语最短的文体，应是山水景观的品题及碑刻。试看“三潭印月”，主体、动作、对象都有了，环境、气氛也有了，加一字不得，少一字不能，这不是最精炼的文章吗？就是“主、动、宾”不全的，如“南屏晚钟”，也是如此，寥寥数字，十分传神。西方语言文字在这方面确实要吃一点亏，如果要表达“三潭印月”“南屏晚钟”等就得写上长长的一句话。

山水景观，从其与人的关系上可以分作四类。第一类是纯粹的自然山水，未经人工修饰或无法进行人工修饰的，浩瀚的大海、巍峨的雪山等等，我们只能叹为观止，却无法加工改造，例如美国与加拿大边境的尼亚加拉大瀑布或中国的黄果树大瀑布，一些奇峰异石也属于这一类。第二类是天然山水而经过人工修饰的，洒满了修建者的汗水，也反映了设计者的文化修养，例如杭州的西湖。西湖的存在是天然的，但千百年来经过了人工的开浚疏通，又广植了林木，铺路架桥，建起了亭台楼阁，这就不是纯自然的了。青岛的海滨、华山的磴道，都有人工改造自然的痕迹。第三类是人工创造的“城市山林”，其代表是园林。这一类景观的人文气息更浓。第四类是该景观本来也未必非常可观，但因与历史上的人物事件有联系而变得有名并成为旅游热点。元人王恽曾说过：“山以贤称，境缘人胜。赤壁，断岸也，苏子再赋而秀发江山；岘首，瘴岭也，羊公一登而名垂宇宙。”这类景点如赤壁、岘山、敬亭山及种种遗迹。从旅游的角度看，前三类都是“名胜”，而第四类是“古迹”。从文化的角度看，后三类的人文内涵要比第一类丰富，而第一类的民间文化却相当深厚，又是后三类所不能比拟的。指出这一点是很有意义的：后三类的景观命名大多是文人的作品，而第一类的命名却多数来自民间。“×× 峰”“×× 石”的名称里记载了多少美丽的神话传说和丰富的民间故事，是民间文学的宝库。与山水结合的神话传说，从桂林诸山到巫山神，从南海普陀到西湖断桥，都毫不逊色。这恐怕也跟民族的山水审美观有关吧。

“×× 峰”“×× 石”的命名大都出自民间，而且其方法主要是依物象形，最有发言权的也是世代居住在那里的人民。这类命名在旅游景点被发现时往往是现成的，而且几乎不存在重新命名的可能性。随着我国旅游资源的开发，很多天然的山水佳景被发现了，如张家界、九寨沟等。但一经开发，便从第一类景观转为第二类。

从范围来看，山水景观需要命名的情况有四种：一是某地景观的总目；二是亭台楼馆包括园林本身的名称；三是游览线路中起导引作用的匾额石刻；四是表示观感的刻石，溶洞中的石笋、石柱及其他奇峰怪石、异树、岩穴等为吸引游客而取的名称。这四类命名有其自身的特点。

无可否认，现代的旅游景观名称与传统相比已有了很大差别。以前的命名大都是文人学士及其诗朋酒侣在游山玩水、寻古探幽或营山筑水、自得其乐时的作品，大多是他们自我性情的写照，一般来说不必顾及别人的观感；而今日的命名则除了要保存和继承这一文化传统外，更主要的是要能吸引游客。景观命名中的这一商业性因素是以前较为罕见的。

景园命名分类概说

●形式上有两个特点

第一个特点是某一名胜或地区著名景物的集合的命名往往采用2、3、8、9的倍数，特别是6、8、10、18、24、36这几个数目。如：

天台山六景：石梁飞瀑、赤城栖霞、华顶秀色、铜壶滴漏、琼台夜月、桃源春晓。

渝州（重庆）六景：龙门皓月、洪崖滴翠、黄葛晚渡、海棠烟雨、字水宵灯、金碧流香。

关中八景：华岳仙掌、太白积雪、骊山晚照、雁塔晨钟、曲江流饮、草堂烟雾、灞柳风雪、咸阳古渡。

燕京八景：琼岛春阴、太液秋风、玉泉趵突、西山晴雪、蓟门烟树、卢沟晓月、居庸叠翠、金台夕照。

洛阳八景：桂岭晓岚、訾洲烟雨、东渡春澜、西峰夕照、尧山冬雪、舜洞熏风、清碧上方、栖霞真境。

羊城（广州）八景：扶胥浴日、大通烟雨、海山晓霁、石门返照、蒲涧濂泉、珠江秋色、光孝菩提、菊湖云景。

西湖十景：苏堤春晓、平湖秋月、花港观鱼、柳浪闻莺、双峰插云、三潭印月、雷峰夕照、南屏晚钟、曲院风荷、断桥残雪。

九华山十景：五溪山色、碧桃岩瀑布、舒潭印月、东岩晏坐、平冈积雪、化城晚钟、莲峰云海、九子泉声、天柱仙踪、天台晓日。

北京西山十二景：绝顶远眺、春山杏林、翠峰云断、卢师夕照、烟雨鹃声、雨后水洪、水谷流泉、高林晓日、五桥夜月、深秋红叶、虎峰叠翠、层峦晴雪。

杭州十八景：湖山春社、功德崇坊、玉带晴虹、海霞西爽、梅林归鹤、鱼沼秋蓉、莲池松舍、宝石凤亭、亭湾骑射、蕉石鸣琴、玉泉鱼跃、凤岭松涛、湖心平眺、吴山大观、天竺香市、云栖梵径、韬光观海、西溪探梅。

扬州北郊二十四景：卷石洞天、西园曲水、虹桥览胜、冶春诗社、长堤春柳、荷浦熏风、碧玉交流、四桥烟雨、春台明月、白塔晴云、三过留踪、蜀冈晚照、万松叠翠、花屿双泉、双峰云栈、山亭野眺、临水红霞、绿稻香来、竹楼小市、平冈艳雪、绿杨城郭、香海慈云、 梅岭春深、水云胜概。

香山二十八景：勤政殿、丽瞩楼、绿云舫、虚朗斋、璎珞岩、翠微亭、青未了、驯鹿坡、蟾蜍峰、栖云楼、知乐濠、香山寺、听法松、来青轩、唳霜皋、香岩室、霞标磴、玉乳泉、绚秋林、雨香馆、晞阳阿、芙蓉坪、香雾窟、栖月崖、重翠崦、玉华岫、森玉笏、隔云钟。

避暑山庄三十六景（康熙）：烟波致爽、芝径云堤、无暑清凉、延薰山馆、水芳岩秀、万壑松风、松鹤清樾、云山胜地、四面云山、北枕双峰、西岭晨霞、锤峰落照、南山积雪、梨花伴月、曲水荷香、风泉清听、濠濮间想、天宇咸畅、暖流暄波、泉源石壁、青枫绿屿、莺啭乔木、香远益清、金莲映日、远近泉声、云帆月舫、芳渚临流、云容水态、澄泉绕石、澄波叠翠、石矶观鱼、镜水云岑、双湖夹镜、长虹饮练、甫田丛樾、水流云在。

避暑山庄三十六景（乾隆）： 丽正门、勤正殿、松鹤斋、如意湖、青雀舫、绮望楼、驯鹿坡、水心榭、颐志堂、畅远台、静好堂、冷香亭、采菱渡、观莲所、清晖亭、般若相、沧浪屿、一片云、苹香泮、万树园、试马埭、嘉树轩、乐成阁、宿云檐、澄观斋、翠云岩、罨画窗、凌太虚、千尺雪、宁静斋、玉琴轩、临芳墅、知鱼矶、涌翠岩、素尚斋、永恬居。

景观总数的多少很值得玩味。不用三、四、五，那恐怕是因为数量太少，不足以显示当地景观之丰富；而不用七、九、十一、十三、十五等奇数乃至十四这样的偶数，却与中国传统的数字文化有关：偶数被认为是吉数，而六、十二、十八、二十四、三十六、七十二、一百〇八等很受青睐。“八景”的起源是有来历的，据宋代沈括《梦溪笔谈》：“度支员外郎宋迪工画，尤善为平远山水。其得意者有平沙雁落、远浦帆归、山市晴岚、江天暮雪、洞庭秋月、潇湘夜雨、烟寺晚钟、渔村落照，谓之‘八景’。”因此后来的风景名胜地也爱用“八景”来列举。人们喜用“八”来概述景观是因为“八”有“八方”之意，四面八方，概括无遗，这对于景观总称是很合适的。

“十”则在“八方”的基础上加上了“上、下”两方，就囊括得更彻底了。“十”以上的数字，如十二、十八、二十四、三十六等，因数量太多，难于记忆，也不易造成深刻印象。看来景观的总称用“八”或“十”比较好，过多过少都不相宜。

“某地若干景区”的命名大多完成在清代，尤其是乾隆年间。200多年过去了，情况发生了很大的变化。有的景点已荡然无存，如“香山二十八景”现在大多已经不存，杭州的“吴山十景”现在也多已湮没，扬州的“北郊二十四景”现在虽然还在，但已面目全非。更重要的是，200多年来，随着社会和经济的发展，又有许多新的景点被发现和开发出来。因此新中国成立后，特别是80年代以来，很多地方在积极开展“新十景”或“新八景”的命名活动。例如：

羊城新八景（2011年评出）：塔耀新城、珠水流光、云山叠翠、越秀风华、古祠流芳、荔湾胜景、科城锦绣、湿地唱晚。

西湖新十景（2002年评出）：灵隐禅踪、六和听涛、岳墓栖霞、湖滨晴雨、钱祠表忠、万松书院、杨堤景行、三台云水、梅坞春早、北街梦寻。

津门十景（1989年评出）：蓟北雄关、海门古塞、独乐晨光、三盘暮雨、沽水流霞、龙潭浮翠、中环彩链、故里寻踪、双城醉月、天塔旋云。

金陵新四十景（20世纪80年代评出）：中山伟陵、灵谷松风、孝陵烟岚、梅岭暗香、植物阆苑、紫峰神镜、玄武烟柳、鸡鸣春晓、九华丹青、古亭晨钟、雪松叠翠、天朝遗迹、梅园风范、明宫晨曦、瞻园觅秀、灯火秦淮、白鹭芳洲、血沃雨花、朝天云阁、怡然莫愁、璇宫远眺、中华古堡、鼓楼览胜、石城虎踞、清凉扫叶、五台晴光、渡江史碑、天堑飞虹、石柱参天、栖霞丹枫、泉涌珍珠、燕矶临流、六朝石刻、绝世碑材、汤山温浴、狮岭雄姿、花神竞艳、十虹竞秀、凝脂沉霞、石臼渔歌。

第二个特点是景观命名大多用四字语。上面举的例子从宋迪的山水画开始，绝大多数用的是四字语，只有少数如“香山二十八景”和乾隆的“避暑山庄三十六景”用的是三字语。用三字语的还有：

龙井八景：过溪亭、涤心沼、一片云、风篁岭、方圆庵、龙泓涧、神运石、翠峰阁。

隆中十二景：三顾堂、草庐亭、草庐牌、六角井、躬耕田、抱膝石、梁父岩、老龙洞、半月溪、小虹桥、武侯祠、野云庵。

“香山二十八景”、乾隆的“避暑山庄三十六景”、“龙井八景”和“隆中十二景”这四个例子中除隆中外，其他三个都是乾隆命名的。事实证明，以三字语作为景观总叙的命名是不合适的。因为“若干景”之类实际上是本地旅游的一个总广告，它要回答人们关心的两个问题：一是玩什么，即本地有什么好玩的地方；二是怎么玩，即这些地方各有什么特点，怎么玩才能恰到好处。四字语通常是二二结构，分别回答了这两个问题，以“西湖十景”中的“苏堤春晓”和“平湖秋月”为例，“苏堤”和“平湖”回答了“哪里”的问题，“春晓”和“秋月”则回答了景点最适宜赏玩的时间分别是春天的清晨和秋天的月夜。三字语通常是二一结构，其中后一字又往往是地理“通名”，因而实际只回答了前一个问题，作为景观的总介绍是不全面的。

三字语外，还有以长短不同的命名作景观介绍的，如：

镜泊湖八景：白石砬子、大孤山、小孤山、珍珠门、道士山、老鸪砬子、城墙砬子、吊水楼瀑布。

保定莲池十二景：春午坡、北草堂、万卷楼、高芬阁、宛虹亭、鹤柴、蕊幢精舍、藻咏楼、篇留洞、绎堂、寒绿轩、含沧亭。

尽管字数有多有少，但其效果与三字语相仿，只回答了第一个问题，而且形式上还不如三字语来得整齐，好像是半成品。甚至有些地方只用一个名词为景点命名，并简单罗列作为景观总叙。这种做法既不易记，又没有道出各景点的特色，实际上是没有充分利用和发扬汉语汉字的特点。

“八景”“十景”式的命名在旅游业蓬勃发展的今天还是需要的。这种总体广告式的命名无疑有相当的号召力，在对外宣扬中也可起到一个提纲的作用。这不仅是一种对传统文化的继承，同时也会促使各地旅游部门对本地旅游资源做更深入的发掘。在进行景点总叙式的命名时，要注意以下问题：

其一，根据历史经验，景观总数以“八景”或“十景”为好，过多过少均不宜。过少显得太萧条，过多又不易记住。解决的办法是：景点多的地方如南京，可以拆成“金陵十景”“市郊十景”等，也许效果会更好；而景点少的地方则不要勉强凑数，尤其不要成为鲁迅讥笑过的“翻开任何一部县志，总能找到县的八景或十景，实在没有景致了，也可想出‘远村明月’‘萧寺钟声’之类的名目”。

其二，以四字语为好，过长过短皆不宜。

其三，这种命名宜用于范围较大的区域，除非像杭州西湖这样游览点集中丰富的景区，否则一山一水不适宜用这种方法。如上例举的“隆中十二景”就比较牵强。实际上，这“十二景”根本凑不成四字语，只好以三字语了之。与此类似的是湖北鄂州石首山的“绣林十景”：“绣林晚照”“锦帻绮霞”“望夫石笋”“万石钓艇”“八仙棋局”“照影清鉴”“龙盖朝岚”“马鞍夕翠”“刘郎晚渡”“调弦月夜”。相传该山是三国时刘备迎亲之处，也是一处因人而得名的古迹。而“十景”中居然有七八处“景”跟传说中的此事有关，读来好似一幕幕戏剧的背景，会使游客感到有些小题大做。

其四，要努力发掘各个景点中最有特色的场景。四时皆宜、早晚皆宜、晴雨皆宜的地方是有的，但“皆宜”的地方也一定有个“最宜”的时刻。“水光潋滟晴方好，山色空蒙雨亦奇。欲把西湖比西子，淡妆浓抹总相宜。”西湖该是个“皆宜”的地方，但“西湖十景”就给它分下了高低：苏堤宜春，平湖宜秋，曲院宜夏，断桥宜冬；又有苏堤宜晨，雷峰宜夕，双峰宜昼，三潭及平湖宜夜之说。到杭州游览过的人，会感到这些评价不虚。这正是古人仔细地体验观察的结果。还有要留意的是，现在许多景点是有开放时间限制的。除了贴切美好的命名，园方恐怕还要考虑是否能让游客共享这一美好时刻。

还有就是，这种命名要防止陈陈相因，互相抄袭。从前面的例子看到，从宋代到现在，“秋月”“晓月”“夕照”“晚照”“烟雨”“钟声”这些词语被反复使用，而“览胜”“胜概”又了无新意。在充分发掘本地旅游特点的基础上，还要注意语言的创新。在一些新命名的“十景”“八景”中，“西湖新十景”在这方面是最成功的。“虎跑梦泉”的“梦”和“龙井问茶”的“问”用得尤其出色，而“满陇桂雨”中的“雨”字同“桂”字一结合，也化腐朽为神奇，显得不落俗套了。在继承传统的命名形式方面，尤其要注意语言的锤炼。

景观建筑的命名

中国与景观有关的建筑物可分三类。

一类是帝王宫殿，以故宫为代表，其建筑大多以“宫”“殿”命名。宫殿和紫禁城的“门”也各有名称，如天安门、地安门、东安门、西安门、东华门、西华门等。北京紫禁城有“内九门”

和“外七门”，分别为正阳门、崇文门、宣武门、安定门、德胜门、东直门、西直门、朝阳门、阜成门和永定门、左安门、右安门、广渠门、广安门、东便门、西便门。故宫内，太和殿有太和门，文华殿和武英殿有文华门和武英门，等等。这些宫、殿、门的名称大都浸透了封建帝王以天命自居、企望永保基业长治久安的糟粕，在今天的命名中已没有参考价值，可以不加讨论。

另一类是寺院、道观等建筑的命名。“天下名山僧占多。”我国的名山大川，大多建有寺庙。历史上僧人、道人对我国山川景观资源的开发和保存，有不可磨灭的功绩。许多名山大刹，如嵩山的少林寺、天台山的国清寺、洛阳的白马寺、宁波的天童寺、杭州的灵隐寺、南京的灵谷寺、镇江的金山寺、苏州的寒山寺、开封的相国寺、山东的灵岩寺、北京的卧佛寺及北京白云观、苏州玄妙观等，至今仍是游人们向往的地方。但寺庙道观内建筑的命名都比较单调，无非是：头门、山门、二山门、天王殿、大雄宝殿、钟楼、鼓楼、藏经楼、接引殿、毗卢殿、地藏殿、千佛殿、方丈等。道观则是三清殿、祖师殿、吕祖殿、玉皇殿、天后殿、灵宫殿、关帝殿、北岳大帝殿等等。这些名称我们也不加讨论。

当然，寺庙、道观里也有一些与寺院无关的建筑物，其命名与一般园林的命名有相似之处，将在后面一起讨论。

还有一类是园林建筑的命名。中国的园林，最典型的是以苏州园林为代表的江南园林。北京的皇家园林，有的也吸收了江南的风格。下面我们以苏州和北京为主，先举一些园林建筑的名称，再分析其命名的技巧。

厅：鸳鸯厅（留园）、荷花厅（狮子林、留园）、楠木厅（留园）。

堂：明道堂（沧浪亭）、燕誉堂（狮子林）、立雪堂（狮子林）、玉兰堂（拙政园）、远香堂（拙政园）、藻鉴堂（颐和园）、涵远堂（颐和园）、知春堂（颐和园）。

轩：面水轩（沧浪亭）、揖峰指柏轩（狮子林）、听雨轩（拙政园）、揖峰轩（留园）、与谁同坐轩（拙政园）、南轩（拙政园）。

馆：听鹂馆（颐和园）、清香馆（沧浪亭）、秫香馆（拙政园）、十八曼陀罗花馆（拙政园）。

楼：见山楼（沧浪亭、拙政园）、倒影楼（拙政园）、明瑟楼（留园）、西楼（留园）。

阁：问梅阁（狮子林）、留听阁（拙政园）、远翠阁（留园）、浮翠阁（拙政园）、濯缨水阁（网师园）、松籁阁（怡园）、清音阁（陶然亭）、佛香阁（颐和园）。

榭：藕香榭（怡园、颐和园）、双虹榭（北海）、木香榭（杭州三潭印月）。

舫：石舫（狮子林、怡园）、对鸥舫（颐和园）、清晏舫（颐和园）。

亭：仰止亭（沧浪亭）、沧浪亭（沧浪亭）、半亭（狮子林）、真趣亭（狮子林）、观瀑亭（狮子林）。

廊：射鸭廊（网师园）、沁泉廊（北海）、长廊（颐和园）。

台：姑苏台（苏州灵岩山）、初阳台（杭州宝石山）、捉月台（安徽采石矶）、水镜台（太原晋祠）、八境台（江西赣州）。

斋：拜文揖沈之斋（拙政园）、画舫斋（怡园、北海）、静心斋（北海）、韵琴斋（北海）、眺远斋（颐和园）。

室：卧云室（狮子林）、梯云室（网师园）。

其他：印心石屋（沧浪亭）、梧竹幽居（拙政园）、

岁寒草庐（怡园）、濠濮间（北海）、抱素书屋（北海）、
玉华山庄（香山）、栖月山庄（香山）。

从以上这些名称来看，园林建筑的命名可以归纳出如下一些方法。

形状命名法。这是从建筑物的形状出发的命名方法。这些建筑往往形状别致、有特色，或者命名的用词比较风雅。前者如“六角亭”“八角亭”“笠亭”“石屋洞”“扇亭”“半亭”；后者如“问梅阁”“鸳鸯厅”“玉带桥”“跨虹桥”等。

材料命名法。这是从建筑物所用材料出发的命名方法。如“楠木厅”“竹楼”“铜亭”“石舫”“琉璃阁”等。

位置命名法。这是从建筑物周围的景物或其他建筑出发的命名方法。如留园的“冠云楼”从楼前的冠云峰得名；“西楼”因处于园西而得名；拙政园的“天泉亭”因亭中有一古井名“天泉”而得名；湖南的岳阳楼和山东的历下亭均从所在地得名（济南古名历下）。

述志命名法。有两种情况，一种是歌功颂德型的，多见于皇家宫苑。这种命名法多数使用吉祥字，在今天已没有多大参考价值。例如“益寿堂”“千秋亭”“万春亭”等。

另一种是园林主人抒写自己心态及志趣的，如留园的“揖峰轩”、怡园的“拜石轩”、拙政园的“拜文揖沈之斋”，还有“醉翁亭”“丰乐亭”等。

宗教传说法。从某种角度看，这是一种纪实命名法，因为它记载了与此地有关的某一宗教或民间传说。如捉月台是因为传说李白在此醉后捉月而死；黄鹤楼是传说有仙人骑黄鹤到此；严陵钓台是传说东汉严光曾在此隐居垂钓；二十四桥是传说二十四位美人曾在此奏乐，等等。这类名称还有：“观

音桥”“白鹿洞”“文殊台”“聚仙台”等。这类名称往往介于民间传说与文人命名之间，在今天新开发的景观中，沿用的较多，而创造新的比较困难。

用典命名法。有两种情况，一种是其地本身就是古迹，建筑物名称记载古人事迹，有纪念之意。“隆中十二景”的景点名称大多是如此。其他名称如“放鹤亭”记载宋代林逋在孤山隐居，“以梅为妻、以鹤为子”之事；“立雪堂”引用“程门立雪”的典故等。这类命名同传说法一样，要有某种事实或传说的依托，对于历史文化底蕴深厚的地区是很合适的。

另一种则是引用前人诗文成语来写眼前情景。这种命名不需要依托历史事实，只是触景生情或借景抒情。利用前人的名句，适用范围既广，又风雅之至，是古人很爱使用的方法。这要靠平时读书的积累，才能厚积而薄发。今天采用这种方法来命名，仍是值得鼓励的。下面是前面举的例子中一些命名的出典：

仰止亭、景行桥：源出《诗经》“高山仰止，景行行止”。

翠玲珑：源出苏舜钦诗“日光穿竹翠玲珑”。

面水轩：源出杜甫诗“层轩皆面水，老树饱经霜”。

揖峰指柏轩：分别源自朱熹诗“前揖芦山，一峰独秀出”与高启诗“人来问不应，笑指庭前柏”。

留听阁：源出李商隐诗“秋阴不散霜飞晚，留得枯荷听雨声”。

濯缨水阁：源出《楚辞》“沧浪之水清兮，可以濯吾缨。”

濠濮亭：“濠梁”“濮上”的典故均出于《庄子·秋水》篇，将两者连在一起始见《世说新语》“会心处不必在远，翳然林水，便自有濠濮间想也”。又无锡寄畅园有“知鱼槛”、颐和园仿之而建的谐趣园有“知鱼桥”，其典也出于庄子此文。

爱晚亭：源出杜牧诗“停车坐爱枫林晚，霜叶红于二月花”。

陶然亭：源出白居易诗“更待菊黄家酿熟，与君一醉一陶然”。

四美轩：源出王勃《滕王阁序》“四美俱，二难并”。

夕佳楼：源出陶渊明诗“山气日夕佳，飞鸟相与还”。

镜桥：源出李白诗“两水夹明镜，双桥落彩虹”。

练桥：源出谢朓诗“澄江静如练”。

柳桥：源出白居易诗“柳桥晴有絮”。

来今雨轩：源出杜甫《秋述》一文“常时车马之客，旧雨来，今雨不来”几句。原意是老朋友下雨仍来，新朋友下雨就不来了。现从“旧雨来，今雨不来”中截取中间三字以为轩名，意谓旧交新知，聚于一轩。

赏游命名法。这是园林建筑命名法的主体。依照侧重角度的不同，又可分几种：

a. 可观

可观有两种，一是在周围景物的烘托下，此建筑本身之可观；二是凭借此建筑，观赏其他景物的效果。中国式的园林一向强调整体观，注重局部在整体中的地位，很少会注目于单独的个体，因此第二种可观比前一种要多。例如昆明的“大观楼”，楼名是强调登上此楼，可以纵观周围湖山景色。又如“畅观堂”“见山楼”“望海楼”“眺远斋”，乃至“多景楼”“丽景轩”“八方亭”“四照阁”等名称，都当作如是观。而前一种强调此建筑本身可观的，也一定放在周围环境的烘托中，典型的如“山色湖光共一楼”“荷花四面亭”“映波桥”“锁澜桥”“濯锦楼”“松柏交翠亭”等。

b. 可听

可听强调的是赏景时的听觉效果。例如下面一些命名：“听雨轩”“听鹂阁”“壑协亭”“水乐洞”“八音涧”。

c. 可闻

中国的园林往往是建筑、山石、林木、花卉错纵布置的综合艺术，因此建筑物的命名有时可从欣赏气味的角度着手，强调嗅觉效果。这类命名往往带一个“香”字，如“远香堂”“清香馆”“秋香馆”“藕香榭”“木香榭”“玉兰堂”“闻木樨香轩”等等。

d. 可触

可触强调人们在赏游时感受到的舒适感觉。如“冷泉亭”“分凉阁”“沁泉廊”等。

e. 可憩

中国的园林在古代是达官显贵的居所和接待宾客的地方，因此强调此地可居可游也是命名的一个方向。今天的旅客都是来去匆匆的过客，没有充裕的时间来体会这些名称描写的意境。但作为赏游，这其实是不可缺少的一个方面。集游览与住宿于一身的“度假村”，也可以从这类命名中吸取一点灵感。这一类的命名如“林泉耆硕之馆”“印心石屋”“梧竹幽居”“岁寒草庐”“栖月山庄”等，是强调在此居住的；“看松读画轩”“枕峦亭”“卧云室”“待霜亭”“留佳亭”等是强调长期在此居住的；如“宜两亭”“四美轩”“可亭”“无尽意轩”“得性轩”“陶然亭”“江湖一勺亭”等是强调流连忘返的感受的。

情趣命名法。这是指追求文字的别致或双关等艺术趣味的一种命名方法，大约也是中国文人的习惯。如“与谁同坐轩”取意苏轼的《点绛唇·闲倚胡床》中的“与谁同坐？明月清风我”。“真趣亭”为乾隆所名，据说原题为“真有趣”，随侍的官员黄兴祖看了觉得俗气，又不敢正面指出，遂请皇上将“有”字赐给他，乾隆听后会意，便剪去了“有”字。这一改动被传为佳话。“面壁亭”是双关之意，表面上看是取达摩面壁九年的典故，实际上是亭壁上安了一面大镜子，面壁而望，园中景色尽收眼底。“亭亭亭”谐音“停停停”也，见此佳景，君能不驻足乎？情趣命名妙在可遇而不可求，妙手偶得之。一旦得到了，可为景观生色不少。

从文字技巧上来说，园林建筑的命名也是命名的一种，因此前面论述的一些有关商业命名方法对之也适用。与其他命名相比，这类命名更强调“雅”字，而且在字数上以三字为常（其中后一字为“通名”），超过或不到三字的，大部分都是有意为之的，如“可亭”“林泉耆硕之馆”。

洞、泉、溪等是介于天然与人工之间的景观，其命名规律与上面所述一致；而且与山峰命名一样，更多地与本身的形状、质地及宗教、传说有关。洞名如杭州的烟霞洞、石屋洞、水乐洞、紫来洞、紫云洞、蝙蝠洞、金鼓洞、卧云洞、黄龙洞，金华的双龙洞、冰壶洞、朝真洞，普陀的潮音洞、梵音洞，崂山的白龙洞、老君洞、仙姑洞，宜兴的善卷洞、张公洞、灵谷洞，庐山的白鹿洞、仙人洞，桂林的龙隐洞等。

泉最有名的莫过济南。济南号称泉城，有“七十二泉”，大致可分为趵突、黑虎、珍珠、五龙潭四大泉群。

趵突泉泉群有趵突、满井、金线、卧牛、柳絮、漱玉、浅井、马跑、洗钵、白云、饮虎等泉；黑虎泉泉群有黑虎、玛瑙、白石、九女、琵琶、汇波、对波、金虎等泉；珍珠泉泉群有珍珠、溪亭、散水、芙蓉、朱砂、濯缨、太乙、腾蛟等泉；五龙潭泉群有五龙潭、静水、回马、洗心、晴朗、月牙、天镜等泉。

从命名来看，泉多数跟形状、水质特点及传说等有关。其他著名泉水如“杭州三大名泉”的玉泉、虎跑泉和龙井泉，命名原则也不外乎此。又有根据宜茶的水质将泉水进行排名的，如茶圣陆羽就品定出“天下十大名泉”：庐山谷帘泉为“天下第一泉”，无锡惠山泉为“天下第二泉”，杭州虎跑泉为“天下第三泉”……在山水景观中以序数命名是很少见的。

其他的人工景观建筑如塔也名目繁多，但其命名主要跟宗教，特别是寺名有关，这里就不讨论了。

●园的命名

古代帝王打猎的园林叫苑或囿，范围都特别大，如灵囿、上林苑、甘泉苑等；种花草果木的园林叫园或圃，如灵芝园、玄圃、竹圃等。后来不大区分了，现在不少小园林甚至酒家都喜欢以“苑”命名。

现代的园林有两种，一种是在西方园林文化影响下建造起来的公园，以草坪树木为主，建筑物很少，也没有什么特色，一般叫公园，其命名较为一般化。有的是以人命名，如各地都有的中山公园，又如上海的鲁迅公园、光启公园，大连的星海公园，南京的郑和公园等。有的是具有历史色彩的命名，例如遍布全国的人民公园，西安的革命公园，上海的和平公园、长风公园等。除此之外，较多公园的名称是以所在地或园内主要景点命名的，如上海的黄浦公园、静安公园、复兴公园、桂林公园，北京的北海公园、香山公园、天坛公园、陶然亭公园，西安的兴庆公园，南京的玄武湖公园、莫愁湖公园，昆明的大观公园等。还有一类是以其内容或功能命名的，如动物园、森林公园、科普公园、交通公园、儿童公园等。

另一种是古代保存下来的私家园林，主要集中在江南一带。新中国成立后这些园林虽然都已属国家所有，但在命名上，并没有像北京的皇家园林那样，一律加上“公园”二字。这些园林往往小巧玲珑，其名称也比较有特色，比较符合现代新建筑园林的命名要求，成为命名仿效的对象。这些园林现存的如：苏州的沧浪亭、狮子林、拙政园、留园、网师园、怡园、曲园、惠荫园、五峰园、艺圃、南北半园、环秀山庄、鹤园、耦园、柴园、可园、听枫园，常熟的燕园，同里的退思园，上海南市的豫园，南翔的古猗园，松江的醉白池，嘉定的秋霞圃，青浦的曲水园，无锡的蠡园、梅园、鼋头渚，南京的瞻园，杭州的汪庄、刘庄，扬州的何园、个园、冶春园、徐园、红园，江苏如皋的水绘园，绍兴的沈园，还有广东的“岭南四大园林”：顺德的清晖园、东莞的可园、佛山的梁园、番禺的余荫山房。古时私人园林很多，其中尤以苏州和扬州为最。苏州的园林据说有二百处以上。扬州在清朝时仅为迎接康熙、乾隆两位皇帝下江南，那些盐商大贾、高官巨富就筑建了无数的园林。这些园林现在大多已经荒废。

从古今园林的名称中可以归纳出园名命名的规律和方法。首先，相对前文论叙景观的名称以四字语较合适，园林建筑的名称以三字语较普遍的观点，那么从所列举的园名看来，古代园名似以二字语较多。二字语中去掉“园”字，要用一个字来抒写种种的情志，概括园林的特色，其精炼含蓄自不待言，其要求相当高。其次，还可以看到，园的通名除了用“园”字外，还可用其他字，如山庄、居、村、庄、楼、林、亭、池、小筑、精舍（或旧舍）等。

●匾额、壁刻的命名

在中国式的园林景观命名中，还有一个不容忽视的组成部分，这就是匾额和壁刻。匾额有三种，第一种是悬于建筑物上的，例如绍兴快阁的春花秋月楼，楼下的匾额曰“飞跃处”。一座建筑物的名称只有一个，但匾额却可以挂好几块，尤其是一些正殿、大厅等主要建筑，如嵩山中的岳庙的大殿檐下就分别挂了“威镇中天”“位镇中岳”“威灵镇佑”等九块匾额。第二种是刻写在牌坊上的，不少风景旅游点有这样的牌坊门楼，比较集中的如泰山脚下，建有“孔子登临处”“天阶”等一长串；嵩山也有“配天作镇”“崧高峻极”等；苏州天平山则有“登天平路”“万笏朝天”等；岳阳楼的两侧建有“北通巫峡”“南极潇湘”两个牌坊。第三种是刻写在小亭、月洞门、腰门上面的，字数往往较少，如“探幽”“寻芳”“赏花”“步月”“入胜”“忘归”“观瀑”“听泉”等。也有字数较多的，如“渐入佳境”“别有洞天”“豁然开朗”“又一天”等。

壁刻是指在石壁上刻文记事，有刻在石头上的，主要用于园林等人工山水，也有刻在山崖上的，叫“摩崖石刻”。名山如泰山、黄山、庐山、峨眉山等都有不少摩崖石刻，大的如经石峪等不在我们讨论范围之内，简短的如泰山顶上的“五岳独尊”“昂头天外”“天下第一山”，昆明西山的“普陀南海”，福州鼓山的“山水知音”“忘归石”，庐山仙人洞的“豁然贯通”“纵览云飞”，烟霞洞的“烟霞此地多”等。苏州天平山的“上白云”刻有“我来上白云，身在白云上”，这是比较长的；宜兴善卷洞的水洞外刻有“欸乃一声山水绿”，也是较长的例子；甚至小小的虎丘剑池也刻有“风壑云泉”四字。园林石刻则如沧浪亭的印心石屋旁林则徐书的“园灵证盟”以及杭州的“花港观鱼”“曲院风荷”等，都是镌刻在石头上的。

匾额、壁刻的主要作用有二，一是导游，二是观赏。由于有导游作用，因此与园名、建筑物命名有共通之处，许多匾额实际上也就是建筑物名称。由于有观赏作用，又跟景观总叙式的命名有共通之处，而不少景观总叙就是通过匾额、牌坊、壁刻表示出来的。如前举之“花港观鱼”“曲院风荷”等，又如扬州之“卷石洞天”现作园名题额；“临水红霞”用的是牌坊；“白塔晴云”是摩崖壁刻等。但题额与石刻又比景观总叙要灵活得多。景观总叙一处只能有一个，但题刻却不论多少；景观总叙以用四字为常，既要突出景点名，又要突出景观特色，形式较刻板，题刻则不拘长短，可随意抒发感想。古人游览山水或园林不会像今天匆匆忙忙的游客一样，人手一张地图，按图索骥，一一印证图上景点之所在，印证完毕，游览也就结束。他们有充裕的时间，慢慢游览，细细赏玩，每有会心之时，则品题一番，或吟诗作赋。那些摩崖石刻其实是最短小隽永的赏景游记。

今日的旅游，游客出资来捐造匾额和壁刻的情况已很少见。匾额和壁刻的任务主要落在园林建造者的身上。对人工园林的建造者来说，不但要注意园名、建筑名这些命名中的“硬件”，也要注意匾额、壁刻这些命名中的“软件”，两者交相辉映，才能达到最佳的效果。对于天然景观的开发者来说，除了加强人文景观的配合，如建造一定数量的园林建筑、修桥盖亭之外，也可考虑规划一些新的摩崖石刻。

3

药品命名

一个好的品牌名称是品牌让消费者认知、接受、满意乃至忠诚的前提。品牌的名称在很大程度上影响品牌联想，药品命名也是一样。我们之所以说“品牌命名”，而不用“药品命名”，就是因为精心构思、独具匠心、突出个性的命名，可以给消费者留下深刻的印象。药品命名与一般商品的品牌命名有共性，但也有其独特之处。它是制药企业经营理念在药品上的直观写实，影响着一个企业的存亡。如果说好的药品是一条龙的话，那么为它起好的品牌名称就犹如画龙点睛。好的品牌名称为药品品牌增添了光彩，对提高品牌认知度、扩大产品销售额起着重要作用。因此，制药企业在进行品牌命名时，应从以下几方面加以考虑。

药品品牌命名的原则

药品的品牌名称是药品品牌构成中可以用文字表达的并能用语言进行传播交流的部分，是品牌传播中最重要的因素之一。好的名称可以迅速、准确地表达出药品品牌的中心内涵和关键联想，让消费者对药品品牌产生深刻的印象，经久难忘，从而使企业产品家喻户晓、妇孺皆知。纵观国内和国外已经成功的著名药品企业及其知名药品品牌，都曾进行精心的命名设计，它们的品牌名称成为品牌营销和产品促销成功的必要条件。因此，从这个意义说，药品品牌的命名是药品企业建立药品强势品牌的第一步。

可记忆性原则

创立药品品牌的一个必要条件是要使消费者对品牌有一个较高的认知度。为了达到这一目的，药品品牌名称应该从形式上便于记忆，这样可以促进消费者对药品品牌的认识。

有意义性原则

药品品牌名称本身应具有丰富的含义，而这种含义可以直接或间接地传递药品的某些信息，如它的优点、功能、作用以及使用它的好处等等。

可转换性原则

药品品牌名称是否能延伸、扩展到其他品种上，是否能在不同的国家或市场上通用，在很大程度上取决于药品品牌名称的文化内涵和语言特点。

可适应性原则

药品品牌在命名时要考虑名称在品牌的发展过程中的适应性，主要是能够适应时代的变化和发展。

可保护性原则

药品品牌的名称不但要在法律上能够得到保护，而且在市场竞争中也能得到保护，不易被其他厂家模仿。

适合产品特征

药品品牌名称立足于产品本身的功效、成分，其好处是使消费者能从名称中联想或领会该产品的独特之处。如“康必得”暗示感冒患者使用后必定康复。

采用企业名称

采取公司名称同药品品牌名称一致的品牌命名策略，其优点在于花一笔广告费用可以在宣传公司形象的同时树立品牌，如“三九胃泰”。

突出品牌个性

药品品牌的命名只能是独一无二的，与别的厂商品牌重名，哪怕是巧合，都可能在日后的产品营销中留下后患。因此，要起别人想不到的名字，以显示超凡脱俗的个性魅力，如“善存片”。

迎合消费者心理

显示出对消费者吉祥、如意的祝愿。如“康富来”的“健康、富贵来到”之意。

宜于启发想象

赋予命名一定寓意，让消费者产生愉快的联想，如“曲美”使人联想到曲线之美。

药品命名的策略

品牌命名的目的是让品牌名称直接地服务于营销，我们应从目标市场、药品联想、药品功能、药品情感形象、药品外在形式等方面进行命名定位。

●目标市场与品牌命名

一个品牌走向市场参与竞争，首先要弄清自己的目标消费者是谁，并以此目标消费者为诉求对象对该药品进行命名。如“太太口服液”，“太太”这一名称就直接表明了这种口服液的消费者是那些“太太”们，这就让消费者对该药品产生了一种量身定做的感觉。

●药品联想与品牌命名

正如人的名字普遍带有某种寓意一样，品牌名称也应包含与药品相关的寓意，让消费者能从中得到有关药品的联想，进而产生对品牌的认知或偏好。“嫦娥加丽丸”令人想到该产品可能与美容养颜有关，服用后能比天宫中的嫦娥更加美丽。

●药品功能与品牌命名

每一种药品都有其特殊的功能特性，可根据各款药品的特殊功能进行定位和命名，如：“补肾益寿胶囊”强调其功能为补肾益气，调节中老年人免疫功能，延缓机体衰老；“静心口服液”其诉求点为“静心”，是针对女性更年期心烦意乱的症状而命名的。

●药品情感形象与品牌命名

“情感形象与价值”被许多品牌视为市场定位及诉求的重要支点，它能直接或间接地冲击消费者的情感体验而具备良好的营销力量。“田田复方珍珠口服液”是一个女性美容保健品牌。它以“田田珍珠，温柔女性”这一广告主题来展开诉求与承诺。由于“田田”这一品牌名称隐含了“自然清晰、纯洁、健康、迷人、温柔”的感受形象，因而其情感形象的价值迅速通过“温柔女性”转化为对“女性心理”的深层冲击。

●药品外在形式与品牌命名

如“白加黑”感冒药将该药分为白、黑两种形式，根据药品外在形式的特点而进行品牌命名，白天服白色药片，晚上服黑色药片，并以此外在形式为基础改革了传统感冒药的服用方式。这便是该产品的一种定位策略，将其名称命名为“白加黑”也使这一名称本身就能表述药物的形式特性及诉求点。药品的外在形式表现是药品在现代市场定位的一种重要手段。在药品的内在特性越来越相似的今天，药品的外在形式本身就可能成为一种产品优势。当今医药市场风云变幻，有些产品今天可能灿烂辉煌，明日就可能无人问津。因此，企业不但要重视新产品的开发，还要为它取一个既具有文化内涵、时代气息，也易被消费者所青睐的好品名。

“一药多名”问题及其对策

●“一药多名”带来的种种问题

随便翻开一本《药物手册》，当中收载的药物一般都在1000种以上，其中大多数药物名称后的括号中至少还有两三个名称，这些都是比较常用的名称。在实际行医的过程中，医生开药方、下医嘱时还需要从记忆库中调用一些可能在《药物手册》上查不到的药物。众多的商品名及其对应药品的剂型、包装、常用量、大致价格等信息，其中任何一项弄错均会导致医疗失误。

这是一个让医生为难而又不得不面对的问题。请看：伊贝特、德明、艾司莫、异乐定、艾狄莫尼、依母多、欣康、晋新泰、莫诺美地、臣功再佳、力唯、山苏、舒必莱特、丹佐、伊索曼、丽珠欣乐、千新、诺可达、格芬达、鲁南欣康，这20来个药名其实都是“单硝酸异山梨酯”这个药品变幻出来的名称。仅让医务人员收集、整理并记住这么多商品名已经十分不易，还得记住它们各自的剂型、包装、剂量等就更加困难。

有人为减轻医务人员负担，方便查找，专门编写了药物别名速查手册之类的书，仅千种左右的常用药物别名就达万种。2000年版《中国药典》收载的药品为2375种，《中国药品通用名称》收录的通用药名为7500个，如将各种药品所有的别名、商品名加起来就会更多了。即使有人想出版品名齐全的“药名大全”，恐怕其收集、整理药名并出版的速度也赶不上众多厂商“造名”的速度。

医务人员学习并记住各种医药学理论，各种疾病的诊断标准和治疗方法，各种疾病的用药标准和原则乃至医疗法规等，都是必要的，可是“一药多名”实在让他们头痛。

医生的时间和精力应该用来学习更多的治病救人的本领，而不是记忆药名。就目前的情况而言，让一个临床医生记住并弄清本专业范围内常用药物中60%的药物的各种名称已经非常困难，更别说非常用药物及其他专业的药物。因此，一药多名给医务工作者和患者都造成了诸多不便。

●对策

一个药品应该只有一个名称，这个名应该个性与共性统一，应该去繁就简。首先，通用名反映的是同一药物不同产品的共性、本质，一经产生就不宜再改。更改药物通用名的理由必须是因为随着时间的推移和认识的深入，觉得原有的通用名不够准确规范，或者带有不适当的字面意义，否则尽量不作改动。当然，在一开始命名的时候应该非常慎重，尽量准确，建议由国家药典委员会统一规定。药物的通用名一旦确定，以后不得更改；已有的药物从“出生”到现在的所有名称以“曾用名”列出，以便查对。“曾用名”意为：如果用“别名”列出或仅以括号标示，则表示还可以使用，起不到统一称谓的作用。

《中国药品通用名称》中绝大多数通用名未被广大医务人员在实际工作中广泛采用，其原因之一就是没有把药物过去的名称以“曾用名”或“商品名”区别开来。即便“曾用名”只列出过去几个最常用的名称，也会有效加快新的通用名的普及速度。经过无数医药专家反复研究确定的新的药物通用名如果在临床工作中未被广泛应用就毫无意义，甚至还会制造更多麻烦。列出“曾用名”非常必要，而且很容易做到。

其次，药物的商品名反映的是不同产品的个性。它包含了同一药物不同产品的质量优势、剂型优势以及所包含的专利技术等。它对企业树立品牌形象，对企业的发展有着积极的作用。因此，商品名是必须要有的。

所谓个性与共性的统一，即两者既是一个整体，又各自得到体现。体现共性，即让人一看就知道该产品为何物，而不会发生突然听说某药名、茫然不知的情况。体现个性，即让人一看该药品的品牌、形象，便知其与其他产品的差异。去繁就简，药品商品名与通用名均不宜过长，以便记忆和书写。商品名只要能体现区别、突出个性即可，越短越好。通用名中体现化学结构的某些字样，如“某某酸根”“某某盐”等，如果没有区别意义完全可以去掉，放到说明书中去，化学名及化学结构式也只需在说明书及相关资料中注明即可。

总之，药品名称没有必要包含太多信息，因为还有说明书及相关资料。如果医师记住了一个药品，并准备应用，他（她）必然去阅读，不必担心。为此，建议制订统一的药品命名规则：

“注册商品名·药物通用名”，如“络活喜·氨氯地平”“施慧达·左旋氨氯地平”。运用汉语中的间隔号“·”将商品名和通用名明确区分，浑然一体，又一目了然，也便于药学图书编撰目录，既可以按注册商品名顺序编撰，也可以按药物通用名顺序编撰，还可以按药品分类编撰。该间隔号在汉语中一般用来表示外国人或我国某些少数民族人名内各部分的分界，也用来表示书名与篇（章、卷）名或朝代与人名之间的分界或月份与日期之间的分界。此处借用其在人名中的用法。需强调的是：在药品包装、宣传广告上，药品名称的两部分的字体、规格、颜色等外观必须完全一样，而且不换行。可以在包装上和说明书中注明“某某某（如络活喜）为注册商标”。其中的商品名既可以用生产公司的注册商标名，如“辉瑞·某药物名”，也可以像现在一样为每一个产品注册一个商品名。具体采用哪种方式由生产公司自己决定。前一种方式有利于树立企业的品牌形象；后一种方式对树立品牌形象的帮助不如前者，但优点是如果某个产品开发不成功，也不易给企业的品牌产生影响。但药物的命名一经确定不能再改。

对复方制剂通用名部分的命名办法：一是沿用现有的通用名；二是两种或三种药物名简写组合，作为通用名，如“某某某·钾镁片”“海捷亚·氯沙坦钾氢氯噻嗪片”；三是在主成分药物前加“复方”二字作为通用名；四是中成药既可以采用传统的药方名，也可采用“复方”加主药作通用名，具体由相关药学专家决定，以尽量遵循习惯名称、简明达意为原则。再次强调，因为还有说明书及相关资料，没必要在命名时过分追求准确、全面，应以简明为上。

现在常用的许多老药，制药企业的生产质控与剂型均遵循国家统一标准，药品包装上并未另取商品名，而只标明通用名和企业的注册商标。这种情况可以保持，即药品命名只需后一部分的通用名足矣，没必要另取一个商品名加在前面，除非在制剂、剂型上有重大改进。如做成控释剂的“拜新同·硝苯地平”（伲福达）。这可能也是发展的方向，因为随着同一药物不同产品的应用比较和专利技术的公开，总会有一个最优的品种被确立，被广泛生产，生产质控与剂型通用，而其他产品淡出市场，代表个性的商品名自然失去意义。总之，只有实现“一药一名”，并在药品包装、宣传资料和所有医疗文书、医学资料中唯一使用，才能从根本上消除医师的工作障碍，减轻患者的经济负担和身体损害，实现药品信息的准确、快速交流，促进药品市场的健康有序发展。

4

街道命名

近年来，我国沿海、沿边、沿江地区的经济迅速发展，旧城区的不断改造，新开发区的不断建设，使城区空间不断扩大，向外辐射。城市街巷面貌日新月异，旧的街巷被新的街巷所代替，原来的田园苗圃变为开发区或新建城区。然而，不少地方地名命名还跟不上形势发展的需要，地名管理存在着滞后问题，某些地区的地名命名还出现了新的混乱。

当前城市街道命名中的不足

●街巷偶现无名

在当今不少新建城区中，一些较小的街巷由于事先没有规划名称，新建或改建后命名又未及时跟上，故一直无名，或仍沿用不符实际的旧名。如原为村，修建街道后，仍使用村名；原为街的一部分，通过改建，已形成另外一条新街，也无新的名称等等。

●称街或称里，路名欠协调

城镇在改建、新建中，没有提前为命名做准备，事到临头仓促取名，就难以避免命名的盲目性和随意性。地名命名应体现整体性和系列性，而随意命名往往忽视城市的整体命名结构。如今有些地方新命名时没有考虑与其他街道名称的关系，打破了原有的命名规律。有的通名命名不够规范，如原来均称为“街”，新名改称“里”，使得这个区域的路名有的称“街”，有的称“里”，造成新的混乱。也有的乱用方位词和序数词，没有规律可循。不少地方新盖楼房与原有楼号排不成序列，而又未重新改号，也造成了许多新的不便。深圳福田区前些年新辟一道路，因匆忙命名，未考虑整体布局便起名叫“东江路”，等新市区地名规划完成时，忽然发现这个路名与整个福田区的路名不协调。因整个福田新区的路名都以“福”“田”二字相嵌，横称“福”，纵称“田”，自成体系，而东江路夹在其中，显得不伦不类，很不协调。于是政府发文、登报公布、三令五申，改为彩田路，可为时晚矣。市民都知东江路而不知彩田路，有的则以为是另一条路。建设单位到银行贷款结算也遇到了麻烦，因为银行账号上也是写“东江路工程”，专款专用，现在虽已改成彩田路，但银行方面只能承认“东江路”。时至今日，“东江”与“彩田”两路名依然并存。

●谁投资谁起名，路名难管理

在一些沿海城市，投资者总希望按自己的意愿起名，有时能满足投资者的要求，但有时也会出现矛盾，如与现行路名同名，与市区地名规划不一致，与现行政策相抵触等。有时会因地名命名不能满足投资者要求而影响项目谈判的成败，这给地名部门的压力较大。近年来许多大企业纷纷为扩大宣传而争买路名。如湖南丽臣实业总公司在长沙市花十几万元买下“丽臣”路名，当然“丽臣”一名具有鲜明而美好的文化韵味，如果该公司还叫原来的“日化总厂”，叫“日化路”则没有美感。长沙锅炉厂也多次竞争所在路段的命名权，但若真的命名为“长锅路”或“锅炉厂路”，就不雅致了。如以该厂商标“雨花”命名，因已有雨花路名，不能重名，致使该厂没能买到路名。而目前我国许多城市在企业争买路名中不一定能像长沙市地名管理机构那样注意路名的美化和整体效果。

●移植山川城名，路名欠新意

在目前的许多城市，特别是东南沿海的城市和开发区，如昆山、连云港、常州、宁波、福州、汕头等地的开发区都移用全国的名山大川和文化名城的名字命名主干道。如用名山的有黄山、泰山、庐山、华山、嵩山、衡山、天山、昆仑山、峨眉山、长白山、阿里山等；大川有长江、黄河、珠江、海河、湘江、岷江、黄浦江、漓江、黑龙江等；名城有北京、南京、上海、西安、延安、成都、广州、武汉等。这种竞相移植外地地名的方法已过滥过俗，没有新意，已形成简单化、雷同化的弊端。

●命名追求吉利

近几年社会上出现用谐音判断吉凶的现象，最常见的“八”象征“发”，带 8 字的电话号码和汽车牌照身价百倍，反之，一些被认为不吉利的谐音都要避讳，这也影响到地名命名。现在有不少外商要求对项目所在地地名进行更名，其理由是该地名听上去不吉利。某区政协会议有提案要求将 1958 年命名的

"定西路"更名，理由是"定西"的沪语谐音是"定死"；宋庆龄陵园所在地的"陵园路"，市人大代表联名提案认为"陵园"不吉利，不利于吸引外资到该地投资，要求更名。类似上述的提案和群众来信还有不少。

●要求用外国地名命名和用英文书写地名通名的呼声增多

浦东开发、开放的方针是"服务全国，面向世界"，在制定浦东新区地名规划时，能否用外国地名命名，成了争论的焦点。地名管理部门虽然宣传了国家有关文件，甚至请民政部区划地名司领导来参与讨论，但有关部门特别是一些领导还不能真正统一认识，认为现行的一些规定已不适应开放的形势。用英文书写地名通名的呼声也不少，如深圳、汕头等地的街道路牌的通名就用英文书写。目前地名标志的形式呈多样化，除传统的路牌、门牌之外，还有交通指示牌、居住区指示牌、经济开发区指示牌、风景区导游指示牌等。这些指示牌虽不一定都划入地名标志范围，但指示牌上毕竟还有地名，有些就用英文书写通名。

如何有偿使用地名，已引起有关方面的注意

地名是一种广泛传播的社会信息，它一旦经过主管部门审批，其他同类地名就不得与之重名，它在一定区域内具有专利性质。有的地名可以为某一单位或某一产品专用，起到广告效果。在建立社会主义市场经济体制过程中，就引发出了如何有偿使用地名的问题。目前，在城市街道命名和在商住大楼及商品住宅群的命名中，有的地区在试行有偿服务，即以企业名称命名街道。全国许多大城市在给城市道路命名时，都在探索有偿服务，并已取得初步成效。

中国上海市街道名称分析

我们以上海市为例，谈谈街道命名的情况和特点。

●街道通名的现状

新中国成立后，上海市区建成的街道通名，多采用路，次以街、弄，极少数使用坊、大道、小道、别径。

以“路”为通名。以“路”为通名的道路名称有1452条，约占路名总数的79%。在黄浦区115条路名中，以“路”为通名有109条，占95%；卢湾区78条路名中77条以“路”为通名，占99%；静安区68条路名中有65条，占96%；徐汇区171条路名中有164条，占96%；长宁区79条路名中有78条，占99%；普陀区119条路名中有116条，占97%；虹口区239条路名中有228条，占95%；杨浦区183条路名中有182条，占99%；南市区403条路名中有140条，占35%。充分反映了市区路名绝大多数以“路”为通名的特点。

以“街”为通名。以“街”为通名的路名有234条，约占13%。这些以“街”为通名的路名有一半以上分布在南市区境内，约有140条，占市区总数的55%。余下90多条以“街”为通名的路名，零星地分布在城市化之前的集镇地区。城市化之后，这些旧集镇名称多已消失，或部分演化为区片名。分布在旧集镇地区以“街”为通名的道路名称，如长桥地区的长桥南街、徐家汇地区原徐镇的镇南街及其附近的汇南街、北新泾地区的北新泾大街、原曹家渡镇附近的万春街、虹口区原虹镇地区的虹镇老街、大场镇的守仁桥街等。浦西建成区（除南市区外）以“街”为通名的道路名称只有31条，其中虹口区境最多，占11条，徐汇区有7条，其他区只有1～3条。浦东地区沿江地带原集镇地区以及高桥镇，以“街”为通名的道路名称相对多一些，有63条，这和迄今为止浦东地区城市化扩展较慢是相适应的。

以“弄、坊”为通名。以“弄、坊”为通名的路名有138条，除了3条在黄浦区境，其他都集中在南市区境。

以“大道”为通名。以大道为通名的命名始于1955年将浦东路（1930年初筑）改名为“浦东大道”，1973年又将人民广场中央南北向行驶车辆的路面定名为“人民大道”，历数十年市区建成区只有上述两条以“大道”为通名的道路名称。1993年浦东地区才陆续出现数条以“大道”为通名的道路名称，如龙东大道、五洲大道、中央大道、明珠大道等（还有5～6条规划名称），虽然数量很少，但开拓了道路通名命名的新方向。

表 4-1

通名	最长辐射距离	最短辐射距离
路	10971米	35米
街	892米	41米
弄、坊	382米	31米

通过表4-1可见，在指称那些长度较长，路面宽度较宽，路容较为整齐，一般可通行公交车的道路，原则上选用“路”为通名；其次，对一般不通行公交车的，则选用“街”为通名；第三，以弄、坊为通名的，绝大多数在居住区内，短小狭窄。

●道路专名的现状

市区路名颇具特色。南市区路名多以姓氏、方位、建筑物为专名，其他地区又多以省市地名为名（特别在黄浦区原英租界地区，东西向路名为市名，南北向为省名）。20世纪前期，在今闸北区南部和五角场地区，命名了一批“词组”性质的路名。50年代开始，又命名一些与花卉、树木有关的路名和以主地名派生出来的派生路名。80年代开始，命名部门有意识地在浦东地区、吴淞地区以及中山环路外侧采用与全国各省市“地理方位”相对应的命名方法，以期逐步形成比较有省市地名意识的路名分布状况。

以省市地名为名

目前上海市区建成区以省市地名为名的路名有786条，占路名总数43%，其中：省名26条（北京、广东、福建、甘肃、广西、贵州、湖北、湖南、河南、吉林、江苏、江西、辽宁、内蒙古、青海、四川、山东、陕西、山西、天津、台湾、海南、云南、浙江、新疆、西藏），安徽、河北、黑龙江、宁夏尚未被命名为路名；县市名584条，如延安东路、济南路、三门峡路、高安路、紫云路、威海路、兰溪路、灵石路、平凉路、崂山东路等；另外还有山名10条、河流名7条、湖泊名3条、峡谷名1条、水库名1条、古地名9条。

在市区10个区中，以省市地名为路名的：黄浦区为最，约占90%；静安区居次，约占88%；南市区最少，约占10%。

各省市地名在市区路名中的选用情况：山东57条、浙江49条、江苏45条、陕西42条、四川39条、广西39条、黑龙江31条、贵州30条、辽宁29条、云南26条、河北24条、江西22条、广东22条、甘肃21条、湖南19条、吉林18条、山西18条、福建16条、内蒙古16条、安徽12条、湖北10条、新疆10条、北京7条、天津4条，海南、西藏、青海、台湾各2条，宁夏、香港各1条。这表明在市区路名中全国各省市地名都有，最少也有1条（宁夏），而以沿海及长江流域的山东、浙江、广西、四川、黑龙江等省地名较为常见。

以省市地名为名的路名，在中山环路以内地区，没有呈现明显的地理方位特征，在同一区域内，多个省市的地名同时存在。1979年11月，上海市地名办公室在沪地办(79)6号文件中，提出了今后要注意采用“按方位取地名”的原则，市区及其外围地带按其所处县境分别选用，如宝山县（区）：黑龙江、山西、内蒙古；嘉定县（区）：新疆、陕西、甘肃；青浦县（区）：青海、宁夏；上海县（今闵行区）：贵州、广西；松江县（区）：四川、西藏；金山县（区）：云南；奉贤县：广东；川沙县（今浦东新区）：山东；南荡县：福建、台湾。根据这一设想，在往后的几年中，已初步形成了几处带有“地理方位”的特征分布区域。如浦东地区形成了历城路、潍坊路、临沂路、德州路、崂山西路、崂山东路等数十条以山东省地名为名的道路名称群。在田林地区，也出现了桂林路、田林路、柳州路、桂平路等以广西地名为名的路名群。在东北部的杨浦区，也命名了一批以辽宁、黑龙江地名为名的路名群。

以词组为名

1911年11月上海光复，1912年“中华民国”成立，以孙中山先生为首的临时政府，提出了“振兴中华”“五族共和”的政治主张。这些政治主张在今闸北区南部的路名中被充分地反映出来。在闸北区南部的90多条路名中，有汉中路、满洲路（今晋元路）、蒙古路、新疆路（旧时居民以回族居多）、共和路、民和路、中华新路、华兴路、新民路、宝兴路、鸿兴路、民立路、康乐路、宝通路、宝源路、宝昌路、普善路等60多条道路名称（占这一地区道路名称总数60%以上），强烈地反映出人们希冀中华民族昌盛吉祥、民族团结、国家统一的意愿。

1929年7月，上海特别市政府第一百二十三次会议，决定在上海东北部的翔殷路以南、淞沪路以东，即今江湾五角场地区，约460多公顷土地，设立新市区。8月，上海市中心区域建设委员会拟定了《大上海都市计划》，对这一地区进行了总体规划。计划中关于道路名称采用“中、华、民、国、上、海、市、政、府”为专名的首字，结合能够表达人们的爱国热忱，希望国泰民安，能体现出道路的建设者和所有者的语词为专名的设计思想。虽经往后的更名，但从当今五角场地区的路名分布现状上看，仍显示出明显的特征：

①闸殷路和世界路、三门路一线之间，8条路名均以民、国、市为首字，配以京、庆、壮、府、和、彝等词为专名。其中以“民”为首字有6条，如民庆路、民京路、民壮路。

②邯郸路、黄兴路、走马塘所形成的三角形地区，共有15条路名。其中以“国”为首字9条，如国定路、国权路等；“政”为首字5条，如政法路、政修路。

③邯郸路、翔殷路与三门路、长海路之间，9条路名中有8条以“政”字为首字，如政府路、政立路、政通路等。

④三门路、国和路、翔殷路、淞沪路之间的6条南北向路名，都以“国”为首字，如国济路。

另有极个别的路名，如虹口区的物华路与天宝路、天宝西路、天宝支路，是以“物华天宝”对应命名的。又如南市区的一粟街是取“金鸡解街一粒粟”之意命名的。

与花卉、树木有关的路名

①曹杨新村地区

1952年6月动工兴建的曹杨新村地区，以花木名命名了一批颇具特色的路名，如兰溪路、枫桥路、枣阳路、桐柏路、棠浦路、李村路、梅川路、梅陇北路（今梅岭北路）、梅陇路（今梅岭南路）、花溪路、桂巷路、杏山路、杨柳青路等，组成了一组以兰、枫、枣、桐、柏、棠、李、梅、桂、杏、杨、柳等为首字的花木名称，颇为雅致。

②田林新村地区

1982年在市区西南部动工兴建的田林新村地区，分布有与木类有关的路名，如桂林路、田林路、柳明路、桂平路、桂菁路、苍梧路等，而且这些路名都是我国西南部广西壮族自治区的地名，与田林地区在市区的地理方位相一致，颇有特色。

谐音路名

市区路名采用谐音命名源于南市区，如大昌路（大佛厂庙）、天柱山路（天主堂）、万生路（万胜庵）、甘谷路（观音阁）等。民国32年（1943年）10月8日，汪伪政府为掩盖其收回“租界”，实并未“收回”的丑剧，发布了沪市四字第12468号训令，训令中“以一、八两区及以前越界筑路区路名多用西文，为肃视听，决定从10月10日起将214条路名改用新名称”。不管这一训令的背景如何，但从更名的路名来看，一部分路名也确实是采用谐音或半谐音的方法选用省市地名的：其一，选用一字相同的地名，如汉壁礼路改为汉阳路（湖北省地名）、海能路改为海南路（原广东省岛名）、赫德路改为常德路（湖南省地名）等38条，占总数18%；其二，使用同音、近音等半音方法，如池浜路改称慈溪路（浙江地名，池、慈同音）、宋埠路改称松江路（原江苏省地名，宋、松近音）等8条，占4%；其三，个别名称含有某一特定的意义，如孟神父路改名永善路（云南省地名，意劝人从善），望志路改名兴业路（“望志”和“兴业”在事业中是一个近义词），长宁区的利西路是人名吕西纳路的谐音。

祈愿性路名

由于社会原因，祈愿性路名在当今路名群中占有一定的比例，地名命名也表现了人们渴望安定、富裕、兴旺、发达、长命百岁等心理。市区的路名中，表现祈愿的173条，如增祥弄、万裕街、长兴路、永宁路、民主路、至善路、育才路、大昌路、福禄街、长寿路等，约占市区路名的9%。其中分布在南市区境的有34条，占同类路名的1/5。

●当代道路名称的新格局

如本节前文所述，1949 年以来，上海市区道路名称除继续沿用传统方法选用省市地名外，在局部地区选用花卉、树木名，或派生地名的命名方式，丰富了区域性路名的名称特色。

1979 年 11 月，上海市地名办公室在沪地办 (79)6 号文件中确定，在市区继续选用江苏、浙江、江西、安徽、河南、湖北等省的地名，对于近郊新辟道路的名称，应按与各省在全国的地理方位相对应的原则选用地名。此后，市区东北部兴建的一批道路，选用我国东北部省份的地名，如松花江路、靖宇路、延吉路、鞍山路、本溪路等；市区西南部的道路，选用西南各省地名，如遵义路、娄山关路、茅台路等；浦东地区选用东部省份的地名，如潍坊路、崂山东路、文登路（今东方路）等。这是市区道路名称选用上的一次尝试，据社会反映，这些名称易记，查读地图时也容易寻找。

1993 年底，为适应浦东的改革开放形势，组织了一批专家拟定了一份《浦东新区交通地名规划》（下文简称“《规划》”）。《规划》中有关路名的内容包括：（1）一条路名的辐射长度不超过 20 千米，较长的道路应分段命名，分路名称使用同一专名，以序数词或方位词予以区别；（2）道路通名采用“大道”“路”“街”三种，“大道”用于快速干道，“路”用于主干道，“街”用于商业集中路段；（3）道路专名应体现浦东开放、开发的时代特征，反映地理、经济特点，体现地区的开发功能；（4）各工业小区内的路名，以体现本工业小区的经济特征为主导思想。这一《规划》是新中国成立以来一个比较完整、系统的计划，在所规划的 56 条道路名称中，以“大道”为通名的有明珠大道等 10 条，以路为通名的有洲海路、航津路等 35 条，保留已有名称的 11 条。在专名中，有以喻义“五大洲”的五洲大道，喻义“跨世纪”的世纪大道，喻义“迎接嘉宾”的贵宾大道，喻义“锦乡芳甸”的锦乡路和芳甸路等。在各个工业小区内，采用一些符合本工业区发展特点的路名，如在外高桥保税区内，一些体现世界贸易、自由港的特色路名，如“英伦”“荷丹”“日樱”等。

这次命名方案遵照“在继承的基础上加以发展”的指导思想，力求反映浦东开发的时代特色，具体表现在：

有所创新。突破了浦西路名主要用全国城市、山川命名的老传统。在快速干道和较长的主干道中，采用一批地域性、时代性较大而又不是标语口号式的词组作专名，如云间、申江、华夏、华东、东海、远东、五洲、世纪等，象征了上海浦东开发是一项服务全国、面向世界的跨世纪宏伟工程，将建成远东地区的三个中心。在快速干道通名上采用“大道”，改变以往主要用“路”的习惯，体现交通规划的层次性。

反映浦东新区地理、经济特征。在主干道和一般干道中，反映浦东地理位置的有“洲海航津，东方港城”，分解成四个专名，即“洲海”“航津”“东方”“港城”，其中三个置于外高桥自由贸易区和港区，“东方”用于文登路更名（照顾到东视、东广的特殊需要）。反映局部地理特征的有“江东”“双江”“金海”等。反映地区经济特征的有“花木”“锦乡”“芳甸”（大片芳草地），在市政中心用“锦乡芳甸”，隐喻新区政府的目标是将浦东建设成一个美丽的大花园。

体现地区开发功能和时代特征。如“迎宾”“博文”“高科”“金科”“中央”“明珠”等。

继承浦东原有较好的地名。“金桥”“杨思”“三林”是集镇名，用以命名路名，体现历史的继承性。原路名较好的也保留，如“龙东”“东陆”等。

保持原有路名的稳定。如杨高路（分成三段）、张杨路、罗山路、龙阳路等在讨论中都曾有更名建议，现都不改了。这次方案中更名的很少，只有文登路、上川路西段等。

东西联动。外环线统一以“环”字加方位词分段命名，内环线中山北二路和中山北一路相配套（大桥名另行报批）。

和浦西路名不同名、同音。

●分区内部道路命名原则

外高桥保税区：体现世界贸易自由港的特色，用各国的国名和城市名以及国名和国花组成系列专名，如“英伦”“荷丹”“日樱”等，还可以自由贸易区的功能采词命名。

金桥出口加工区：可根据开发功能和“金”“银”组成词组，也可实行部分路名有偿使用，以厂名、产品、商标命名。

陆家嘴金融贸易区：陆家嘴地区经过开发，原有道路将全部改造，老路名亦将消失，新路名可根据开发功能采词（或经过雅化）命名。花木地区是新区行政中心和国际博览中心，可用花草、树木和开发功能采词命名。上述范围以外的路名大多数不动，少数比较土俗的（如沈家弄路）需要更名。

张江高科技园区：原则上以古代中外知名科学家命名，也可用些科技名词如“宇航”等命名，还可根据项目、产品性质命名。

以上各开发区内生活区路名，可选择一些较高雅的词组（如外高桥保税区内生活区五条道路，命名成“春晖”“夏碧”“秋霞”“冬融”“季景”）命名，也可用当地较好的地名命名。

街道命名应力求科学与艺术的统一

街道取名字有学问。我们中国人的学问以欣赏为主要目的。唐诗宋词脍炙人口，诗词写得好的文人可做官，诗词还可以传世。不过，有欣赏价值的街名不一定有助于现代的邮递索寻。要在美观欣赏和快速索寻之间寻找解决之道，就是现代科技的任务了。很难说中国今后不会出现以数字命名的街道。

●地名规划先行，注重实用与艺术协调

例如在对杭州市钱塘江畔江干区境内的经济开发区15条规划道路拟名时，就基本上做到了命名的科学性与艺术性的统一。开始时，市地名办的同志经过一番精心构想，集浙江省名江之大成作为该区群体命名系统，将东北—西南走向的三条平行长路与西北—东南走向的十二条平行短路，在规划图上顺次作了命名：前三条为新安江路、富春江路、钱塘江路，后十二条为珠江路、姚江路、甬江路……由此可见拟名者以近江者使用江名，思路是对的。那为什么又要重新研究命名呢？拟名者说：这批路名出现双通名，显得单调、缺乏新意，最主要的是没有体现出杭州历史文化名城丰富的内涵与特色。所以特邀专家参加地名规划拟名研讨会，集思广益，刻意创新，使地名命名质量上一个新的台阶。

为追求高质、创新、美雅的地名，与会者不负所望，七个人的研讨会，五位地名专业人员带了六套地名规划设计方案赴会，对于三条长道路，他们不约而同地主张保留规划道路的初名，因为地处钱塘江畔最近者为钱塘江路，依次为富春江路、新安江路，后两条路名均系钱塘江上游的河段名，是自然地理实体的有机体。短路的六套方案如下。一曰：以上述三条路名的“江”字与序数组合为命名系统。即钱一、

钱二、钱三、钱四路；富一、富二、富三、富四路；新一、新二、新三、新四路。二曰：以长路为江，短路为泉的命名系统。即春泉、冷泉、福泉、玉泉、鹿泉、珠泉、梦泉路等。三曰：以钱塘古八景名拆而用之为命名系统。四曰：以咏钱江潮名诗作为命名系统，因为江干一带是古时钱塘潮奇观最热闹处，历代诗人留有许多佳名，从十二位诗人的诗词中，选一个能与“钱”字融合的字，组成路名。即孟浩然“百里闻雷震”的“百”字，范仲淹“千寻练不收”的“千”字，苏轼“万人鼓噪慑吴侬”的“万”字，陈师道“瑶台失手玉杯空”的“玉”字，蔡襄“地卷天回出东海”的“回”字，胡奎“鳌戴雪山行”的“山”字，苏舜钦“拟访郦元经”的“郦”字，贝琼“沧海倒流吞日月”的“沧”字，刘禹锡“头高数丈触山回”的“高”字，徐凝“直至白头看不足”的“足”字，白居易“不独光阴朝复暮”的“复”字，吴琚“海门飞上明月”的“海”字。于是顺次拟成了钱百、钱千、钱万、钱玉、钱回、钱山、钱郦、钱沧、钱高、钱足、钱复、钱海12条路名。

第四个方案的思路是十分明确的，突出钱塘江的“钱”字，既有较强的指位性，又满足经济开发区投资者盼企业发达兴旺的心理欲望，而且具有诗意，将12条路名单字组成的楹联是：“百千万玉回山，郦沧高足复海。”其意是：希望经济开发区的企业家们，要以郦道元著《水经注》那种创造文化财富的奋发精神，为人类创造物质文明的财富，为振兴中华做贡献。

五曰：以杭州景点的景名为命名系统。六曰：以三江一湖的景观名称为命名系统。纵观这六个地名规划设计方案的命名系统，各具千秋。

为了使命名的风格统一，特点突出，并与三江路名构成完美的整体，反映出杭州历史文化名城丰富多彩的内涵，与会者进行了畅所欲言的探讨。由于具备命名艺术研究的素质，很快取得了以三江一湖景名与咏潮名诗组合为命名系统的共识，产生了如下新的地名规划设计方案：即新安江路、富春江路、钱塘江路及金秋、涌潮、松湾、江涛、蓬莱、灵西、白虹、凌云、瑶琳、银河、凌海、雪嶂 12 条路名。12 条路的专名，组成了具有杭州传统特色的景名词语——金秋涌潮、松湾江涛、蓬莱灵栖、白虹凌云、瑶琳银河、碧海雪嶂。每组景名词有机联系，富有诗情画意。为新开发区的宏伟建设蓝图锦上添花，并为地名标志美化设计指明导向。由此可见，对开发区地名的命名进行艺术研究是十分必要的。

●要拓展思路，推广适宜方法

时代在前进，科学在发展，人们的审美水平在不断提高，因此无论对城建设计的建筑美，还是对地名命名的寓意美，都将会提出更高的要求。我国搞地名系列规划起步不久，地名命名艺术研究开始积累经验，在没有更多现成理论指导的情况下，就要靠地名工作者从实践中探索。现常用的地名命名、更名方法，如“群体地名命名的系统法”“个体地名命名的引申法”以及“移用命名法”“积聚命名法”“组合命名法”“对称命名法”等，都是来自实践经验的总结，升华为理论，又指导于实践，极大地提高了地名命名的质量。

地名的命名确是一门艺术，是多学科综合研究的产物，是人类智慧的结晶。标准化的地名既求外表字形美，又要求内含健康美，还要发音响亮优美；同时又能反映城、区地域的自然景观之风貌，或人文景观之特色，或分区功能之特点。拟名时采取慎之又慎的态度，要经过广泛搜集资料，使名出有据；要经过反复的推敲和征求意见，使地名具有稳定而持久的生命力；要经过必要的实地踏勘，使形成的地名好记、好找。总之，要做到形式与内容完美统一：其一，努力创新。

对该开发区的地名规划拟就的初名，所选择的命名系统虽然是目前国内风行的做法，但他们并不满足现状，而是以精益求精的态度，不断开拓新的思路，共创了体现当地胜境的命名风格。其二，尊重知识。邀请了具有地名学识与平时有所研究的同志到会，使共性的知识融会贯通。其三，主题突出。有明确的指导思想与要达到的目的，并提供开发区的规划图与规划地名的初名资料，使与会者熟识地理位置，有的放矢地搜集和开发区有关的历史与现实地理环境特征的资料，各自拟出了群体地名命名系统的方案。

参考文献

[1] 潘国文．实用命名艺术手册［M］．上海：华东师范大学出版社，1994.
[2] 牛汝辰．地名命名理论及其应用研究［M］．北京：文津出版社，1997.
[3] 陈文良，魏开肇，李学文．北京名园趣谈［M］．北京：中国建筑出版社．1983.
[4] 牛汝辰．中国地名文化［M］．北京：中国华侨出版社，1993.
[5] 陈榴．命名的学问与艺术［M］．大连：大连理工大学出版社，1991.
[6] 赵国顺．一“名”惊人［M］．北京：中国经济出版社，1994.
[7] 牛汝辰．中国地名由来词典［M］．北京：中央民族大学出版社，1999.
[8] 牛汝辰，赵静．怎样给公司店铺起名［M］．北京：大众文艺出版社，2000.
[9] 朱亚军．商标命名研究［M］．上海：上海文艺出版社，2003.
[10] 张锡坤．新编美学辞典［M］．吉林：吉林人民出版社，1987.
[11] 贺川生．商标英语［M］．长沙：湖南大学出版社，1997.
[12] 周旭．商标与企业形象［M］．长沙：湖南美术出版社，1996.
[13] 邹进文，赵玉勤．儒商法典［M］．武汉：湖北人民出版社，1999.
[14] 王培．晚清企业纪事［M］．北京：中国文史出版社，1997.
[15] 万典武．当代中国商业简史［M］．北京：中国商业出版社，1998.
[16] 陈松岑．语言变异研究［M］．广州：广东教育出版社，1999.
[17] 张联荣．汉语词汇的流变［M］．郑州：大象出版社，1997.

[18] 郭熙．中国社会语言学 [M]．南京：南京大学出版社，1999.
[19] 索尔·克里普克．命名与必然性 [M]．上海：上海译文出版社，1988.
[20] 艾·里斯．广告攻心战略——品牌定位 [M]．北京：中国友谊出版社，1986.
[21] 吴道华．中国出口商品商标总汇 [M]．香港：现代出版社，1997.
[22] 左旭初．老商标 [M]．上海：上海画报出版社，1999.
[23] 辛泸江．景物命名美学规律琐谈 [J]．中国地名，1993.
[24] 杨宏烈．试论景园命名艺术 [J]．地名知识，1992.
[25] 曹秀玲．谈外来词音义双关的翻译法 [J]．修辞学习，1999(6).
[26] 陈章太．普通话词汇规范问题 [J]．中国语文，1996（3）.
[27] 李胜梅，李雅琴．化妆品命名用字情况的调查与分析 [J]．汉语学习，1999（6）.
[28] 潘红．英语商标的诗意美感与实用效果 [J]．上海科技翻译，1997（1）.
[29] 顾建新．论商标英译的原则和方法 [J]．浙江师大学报，1992（2）.
[30] 谢建平．试论民族心理与商标语言创意 [J]．外语与外语教学，2001（12）.
[31] 陈洁光，黄月圆，严登峰．中国的品牌命名——十类中国产品品牌名称的语言学分析 [J]．南开管理评论，2003(2).
[32] 张根能，徐瑞平．品牌命名的几个误区 [J]．价格与市场，2001（8）.
[33] 彭石玉，陈明芳．利奇的意义类型与英汉品牌命名理据 [J]．天津外国语学院学报，2000（1）.
[34] 贺川生．美国语言新产业调查报告：品牌命名 [J]．当代语言学，2003（1）.

[35] 莫智勇．品牌命名的取向与传播策略[J]．当代传播，2004（4）．
[36] 张宁宁．浅谈联想方式在商标命名中的运用[J]．上海科技翻译，2004（3）．
[37] 曾祥喜．中国大陆商标命名的世纪变迁[J]．语言文字应用，2003（3）．
[38] 程祥徽．传意需要与港澳新词[J]．中国语文，1996（3）．
[39] 朱亚军．汉语商标命名的国际化走势与策略[J]，汉语学习，2004（4）．
[40] 袁家麒．英文商标和英文商标的命名策略[J]．江南大学学报（人文社会科学版），2004，3（4）．
[41] 朱亚军．商标名的翻译原则与策略[J]．外语研究，2004（6）．
[42] 王珏．汉文化对外来词的驯化[J]．解放军外国语学院学报，1994（2）．
[43] 维佳．汉语商标词语的借用及其意义的错位[J]．汉语学习，1997（2）．
[44] DAVID A. Managing brand equity [M]. New York:The Free Press, 1991.
[45] CHARMASSON H. The name is the game: how to name a Company or product [M]. Irwin Professional Publishing, 1988.
[46] KOTLER P, ARMSTRONG G. Marketing:an introduction. 4th Ed [M]. New Jersey:Prentice Hall, 1997.
[47] ZALTMAN G, WALLENDORF M. Consumer behavior:basic findings and management implications [M]. New York:Wiley, 1979.
[48] MCCARTHY E J, PERREAULT W D. Basic marketing:a

global managerial approach [M] . 9th ed. Illinois: Irwin, 1987.

[49] CHAO Y R. A grammar of spoken Chinese [M] . Berkeley: University of California Press, 1968.

[50] LI C N, THOMPSON S A. Mandarin Chinese: a functional reference grammar [M] . Berkeley: University of California Press, 1981.

[51] CRYSTAL D. The Cambridge encyclopedia of language [M]. Cambridge University Press, 1987.

[52] LEKUS M. Problems in coining international brand names [M] . The Trademark Reporter, 1969.

[53] NUESSEL F. The study of names: a guide to the principles and topics [M]. Westport: Greenwood Press, 1992.

[54] LASSAR W, MITTAL B, SHARMA A. Measuring customer-based brand equity [J] . Journal of consumer marketing, 1995, 12 (4) : 11-19.

[55] SHOCKER AD, SRIVASTAVA RK, RUEKERT RW. Challenges and opportunities facing brand management: an introduction to the special issue [J] . Of marketing research, 1994, 31 (2) : 149-158.

[56] DYSON P, FARR A, HOLLIS NS. Understanding, measuring, and using brand equity [J] . Journal of advertising research, 1996, 36 (6) : 9-21.

[57] GURHAN-CANLI Z, MAHESWARAN D. The effects of extensionson brand name dilution and enhancement [J] . Journal of marketing research, 1998, 35 (4) . [58]

[58] QUESTER P, FARRELLY F. Brand association and memory

decay effects of sponsorship: the case of the Australian formula one grand prix [J]. Journal of product and brand management, 1998, 7(6): 539-556.

[59] JANISZEWSKI C, VAN OSSELAER S M J. A connectionist model of brand-quality association [J]. Journal of marketing research, 2000, 37(3): 331-350.

[60] BALDINGER A L, RUBINSON J R. Brand loyalty: the link between attitude and behavior [J]. Journal of advertising research, 1996, 36(6): 22-34.

[61] YOO B, DONTHU N, Lee S. An examination of selected marketing mix elements and brand equity [J]. Journal of the academy of marketing science, 2000, 28: 195.

[62] COLLINS L. A name to compare with a discussion of the naming of new brands [J]. European journal of marketing, 1977, 11(5): 337-363.

[63] MCNEAL J U, ZEREN L M. Brand name selection for Consumer products [J]. MSU business topics, 1981: 35-39.

[64] CHOWDHURY N. Branding Asia [J]. Fortune, 1999, 1: 60-64.

[65] JOHANSSON J, HIRANO M. Brand reality: the Japanese perspective [J]. Journal of marketing managemet, 1999, 1-3: 93-105.

[66] MCDONALD G M, ROBERTS C J. The brand naming enigma in the Asia Pacific context [J]. European journal of marketing, 1990, 2(1): 6-19.

[67] ROBINSON C. Asian culture: the marketing consequences [J]. Journal of the market research society, 1996, 28(1): 55-62.

[68] CHAN A K K,HUANG Y Y.Brand naming in China:a linguistic approach [J] .Marketing intelligence and planning,1997,15(1):227-234.

[69] HUANG Y Y,CHAN A K K.Chinese brand naming:from general principles to specific rules [J] .International journal of advertising,1997,16(4):320-335.

[70] DE KLERK V,BOSCH B.Sound patterns of English nicknames [J] .Language sciences,1997,19(4):289-301.

[71] BERGH B V,ADLER K, OLIVER L.Linguistic distinction among top brand names [J] .Journalof advertising research,1987,27:39-44.

[72] JIANG-KING P.Tonal sonority hierarchy [J] .Paper presented at the annual research forum,linguistic society of Hong Kong, Hong Kong,December,1996.

[73] CHEN M Y.Metrical structure:evidence from Chinese poetry [J] .Linguistic Inquiry,1979,10:371-420.

[74] JIANG-KING P.Sonority constraints on tonal distributions across Chinese dialects [A] .To appear in the proceedings proceedings of WCCFL 17(published by Stanford CSLI),1998.

[75] SHIH,LIN C.The prosodic domain of tone sandhi in Chinese [D] .San Diego:University of California,1986.

后记 HOUJI

运用各种方法将人或物指定一个便于识别区分的名称谓之命名。中华文明发展史和汉字具备的特有文化，使得中华命名的研究内涵更深、探索内容更广。

掩卷搁笔，方觉命名文化研究才是开始。研究越深入，发现中华命名需要探讨的问题越多，命名理论研究越需完善和细化。

成功需从命名开始。哲学家布伦说：我们只有一种忧虑，就是怕失去乐园；我们只有一种欲望，就是渴望得到它。佛说：人一生所作的行为无外乎苦和苦的终止，乐和乐的持续，除此再没有别的了！乐园就在我们心里，秘诀就在我们的命名里。

好的命名能给名称拥有者一个好的心态，具有运程暗示和导引，能给使用者增加能量，激励我们奋发图强，使企业具有强大的竞争力。

中华命名需要考虑综合因素，如心理的、美学的、社会的、认知的、视觉的、韵律的、声学的、字形的、谐音的、经济的、政治的和语言学的等方面。一个好的命名，会得到社会和人们的肯定，带来经济效益和好的运气。

在本书的创作过程中，我们有时为一个细节引发争论，有时为如何表达反复增删，力争使本书内容能够既有学术依据，又能传承命名文化，既通俗易懂，又能对人们在生活工作中的命名实践具有研究和参考的作用。本书名称也拟过中华命名秘笈、中华命名精要等。我们最后定格为《中华命名大讲堂》，希望以此为契机，搭建起中华命名文化的研究、讨论平台，欢迎广大读者共同参与。

中华命名研究可以说在我国刚刚起步，很多方面未臻完善，还需要同仁的共同努力。本书内容还存在疏漏和不周，恳请方家指教。希望我们的劳动能成为探路之石、引玉之砖。

本书一一列出了写作中参考的大量文献，对以上作品的作者表示感谢。感谢广东省国土资源厅对本书的认同支持，感谢命名专家学者的意见和建议。

我们期待广大读者的批评指正。

牛汝辰　安雪菡

2016 年 2 月